教育部2020年度高校思想政治理论课教师研究专项一般项目（优秀中青年思政课教师择优资助项目）“新时代大中小学思政课一体化建设的理论与实践研究”（项目编号：20JDSZK130）阶段性成果

教育部“全国高校思政课建设项目——全国高校思政课‘手拉手’集体备课中心（山东师范大学-山东省）”（项目编号：21SZJS37044515）研究成果

教育部大中小学思政课一体化共同体（山东）建设成果

学科核心素养导向的大中小学思政课一体化专题教学设计（上册）

主　编　王增福　吴春雷

副主编　张彩霞　黄万强　李玉华

山东人民出版社·济南

国家一级出版社　全国百佳图书出版单位

图书在版编目（CIP）数据

学科核心素养导向的大中小学思政课一体化专题教学设计：上下册 / 王增福，吴春雷主编；张彩霞，黄万强，李玉华副主编．-- 济南：山东人民出版社，2023.6
ISBN 978－7－209－14563－3

Ⅰ.①学… Ⅱ.①王… ②吴… ③张… ④黄… ⑤李… Ⅲ.①高等学校—思想政治教育—教学设计—中国 ②政治课—教学设计—中小学 Ⅳ.①G641 ②G633.202

中国国家版本馆 CIP 数据核字(2023)第 108608 号

学科核心素养导向的大中小学思政课一体化专题教学设计（上下册）
XUEKE HEXIN SUYANG DAOXIANG DE DAZHONGXIAOXUE
SIZHENGKE YITIHUA ZHUANTI JIAOXUE SHEJI (SHANGXIA CE)

主　编　王增福　吴春雷
副主编　张彩霞　黄万强　李玉华

主管单位　山东出版传媒股份有限公司
出版发行　山东人民出版社
出 版 人　胡长青
社　　址　济南市市中区舜耕路 517 号
邮　　编　250003
电　　话　总编室（0531）82098914
　　　　　市场部（0531）82098027
网　　址　http://www.sd－book.com.cn
印　　装　山东华立印务有限公司
经　　销　新华书店

规　　格　16 开（169mm×239mm）
印　　张　31.25
字　　数　472 千字
版　　次　2023 年 6 月第 1 版
印　　次　2023 年 6 月第 1 次
ISBN 978－7－209－14563－3
定　　价　68.00 元（上下册）

序　言

教育的根本任务是立德树人，思想政治理论课（以下简称思政课）是落实立德树人根本任务的关键课程。习近平总书记在2019年学校思政课教师座谈会上指出："要把统筹推进大中小学思政课一体化建设作为一项重要工程，推动思政课建设内涵式发展。"党的二十大报告强调，"用社会主义核心价值观铸魂育人，完善思想政治工作体系，推进大中小学思想政治教育一体化建设"。这些重要论述立足新时代教育强国要求，结合新形势下思想政治教育面临的机遇和挑战，在遵循学生成长和认知规律的基础上，为我们加强思政课一体化建设、加快推进思政课改革创新、提升思政课育人成效提供了根本遵循。

大中小学思政课一体化就是按照立德树人的根本任务对思政课进行总体设计，生成与不同学段相适应的课程目标、教学要求、教学内容、教学方式、评价标准等，推动不同学段思政课教师队伍一体化发展，构建协作贯通、衔接递进的思政课一体化建设机制，形成大中小学思政课协同育人整体格局。在思政课一体化建设的系统要素中，教学内容一体化具有基础性地位，是实现教学目标一体化、教学方法一体化、教学评价一体化、师资交流一体化的关键环节。深入研究不同学段思政课的教材体系、教学内容和教学特点，充分领会教育意图，能够帮助教师明确教学过程中究竟应该"教什么"

的问题，这是进一步思考“如何教”的前提。

从目前学校思政课的设置体系来看，九年义务教育阶段均开设“道德与法治”课，高中阶段开设“思想政治”课，高等教育阶段开设“思想政治理论”课。虽然教材编写时考虑到了不同学段学生的年龄以及在知识、能力、素质等各方面的阶段性差异，但各个学段之间还存在着教学目标和教学内容的衔接不畅、机械重复以及内容倒置等问题。不同学段的教师通常是对本学段教材内容十分熟悉，而对其他学段教材内容则不够熟悉，甚至不了解。因此，如何在尊重思想政治教育教学规律和学生认知规律的基础上，打造大中小学有机衔接、螺旋上升的教学内容体系，循序渐进地传授教学内容，就成为当前大中小学思政课一体化建设中一项重要而紧迫的任务。本书的编写出版，正是为解决这一问题所进行的有益尝试。

在撰写过程中，我们坚持一条基本原则，即各学段教学设计的内容不能简单照抄照搬教材，更不能抛开教材另搞一套。在这一前提下，如何探索出一套既易于实行又具有系统性、针对性、实效性和可操作性的教学设计，就成为编者主要解决的问题和攻克的难关。全体编写成员经过反复论证、深入研讨和不断修订，最终确定了“以思想政治学科素养为导向，以共同教学专题为主线，协同推进各学段教学内容设计”的写作思路。

学科核心素养是学科育人价值的集中体现，是学生通过学科学习而逐步形成的正确价值观、必备品格和关键能力。小学、初中、高中、大学各学段既有整体性育人目标，又有各自的特殊要求。在坚持共性和个性相统一的基础上，编写组确定了“政治认同、家国情怀、道德修养、法治意识、文化素养”五个方面的大中小学一体化学科核心素养。围绕这五个方面的核心素养，凝练形成“学习百年党史 坚定理想信念”“践行绿色信念 建设美丽家园”“培养劳动精

神 创造幸福生活”“学法守法用法 建设法治中国”“尚美审美立美 陶冶大美情操”等15个教学专题，内容涵盖政治、经济、文化、生态、社会等不同领域，充分体现了德智体美劳五育并举的教育理念。

教学专题确定后，各学段教师通过跨学段集体备课，针对不同学段学生关注的热点、难点问题，运用符合本学段教学要求的教学方法，将不同专题具体化，落实到教材的某一章节或某一课。每一专题均由小学、初中、高中、大学四个学段的教学设计组成，全书共60个教学设计。以学科核心素养为导向、以教学专题为统领的教学设计模式，在充分尊重国家统编教材和新课程建设标准的基础上，为思政课一体化教学的开展提供了新的思路和着力点，有效实现了不同学段教学目标、教学内容与教学方法的融合贯通。

本书是由山东省大中小学思政课一体化建设指导中心和山东师范大学马克思主义学院组织完成的。参与编写的均为大中小学一线优秀教师和教研员，对各自学段的思政课教学及思政课一体化建设有着深入的思考和丰富的教学实践经验。希望本书的出版能够对大中小学思政课一体化教学规律作出有益探索，为广大思政课教师的教学设计拓展思路、提供参考，为落实思政课一体化建设要求提供可资借鉴的示范文本。

需要说明的是，本书还是山东师范大学牵头成立的教育部大中小学思政课一体化共同体的研究成果。本书的编写、出版，是集体智慧的结晶。感谢山东省教育厅（省委教育工委）思政处（宣教处）处长陈成标、副处长仇宝艳对该成果的指导，感谢山东省教育科学研究院课程中心主任张彩霞、济南市教育教学研究院高中思想政治教研员黄万强、济南市历下区教育教学研究中心小学道德与法治教研员李玉华三位老师对各自学段教学设计撰写工作的精心组织，感谢山东第一医科大学（山东省医学科学院）马克思主义学院张慧老师对书稿进行了认真校对，以及各位作者的辛苦写作。本书的出版得到了山东人民出版社马洁编辑的大力支持和帮助，在此致以衷心的感谢。

尽管在编写过程中各位编者反复斟酌、精益求精，但仍不免存在疏漏与错讹之处。对此，我们真诚期待各位同仁不吝赐教，提出宝贵意见，帮助我们进一步修改完善，共同将大中小学思政课一体化建设事业推向深入。

编　者

二〇二三年六月

目　录

上　册

下　册

主题一

学习百年党史　坚定理想信念

第一部分　小学“道德与法治”

五年级下册第三单元《百年追梦　复兴中华》

第九课《中国有了共产党》

第三课时《红军不怕远征难》

□济南市棋盘街小学　李晶

一、课标要求

《义务教育道德与法治课程标准》（2022 年版）第三部分“课程目标”中核心素养之“政治认同”第三学段要求“简要了解中国共产党的历史和革命传统，了解中国共产党带领人民彻底摆脱了被欺负、被压迫、被奴役的命运，成为国家、社会和自己命运的主人，热爱中国共产党”。

二、教材分析

《红军不怕远征难》是《道德与法治》（部编版）五年级下册第三单元第九课《中国有了共产党》第三课时的教学内容。第九课由三个话题组成，即“开天辟地的大事”“星星之火可以燎原”“红军不怕远征难”。三个话题以时间为序，在中国近代历史发展的序列中穿插革命先烈的事迹，将不畏艰难、艰苦奋斗、勇于献身、矢志不渝等革命精神贯穿始终。第三课时《红军不怕远征难》，引导学生了解红军长征中的重大事件，如遵义会议等，想象红军战士在艰辛的长征过程中遇到的艰难险阻，并通过讲长征故事、读长征诗歌，思考红军战士克服困难的原因，体会红军战士艰苦奋斗、勇于牺牲的精神，感悟长征精神的跨时代传承。学习本课，让学生认识到，在社会主义建设的今天，长征精神依然引领着我们奋勇向前。

三、学情分析

五年级的学生有一定的自主获取知识的能力，对历史的学习兴趣比较浓厚，喜欢通过一些历史故事、人物事迹来了解历史事件。在教学活动中，他们的参与热情高，能对历史资料进行简单的分析与思考，但学习的主动性不够，分析问题不够深入，常浮于表面。

四、教学目标

1. 了解长征的历史背景、路线和过程，知道遵义会议在中国革命史上的地位。

2. 感受红军在长征途中不怕牺牲、不畏艰险、积极乐观的革命精神，养成敬仰、爱戴革命先辈的情感。

3. 激发学生继承革命传统、弘扬长征精神、树立奋发图强的爱国志向。

五、教学重点难点

1. 教学重点：了解长征的过程，感受红军在长征途中不怕牺牲、不畏艰险、积极乐观的革命精神。

2. 教学难点：理解长征的历史背景、长征在中国革命史上的意义，以及长征精神的时代意义。

六、教学方法

教学方法有创设情境法、讲故事法、小组合作法、探究讨论法。

七、教学过程

环节一　播放视频《七律·长征》，激发兴趣，导入新课

【播放视频】你知道《七律·长征》这首诗歌记录的是中国历史上哪个重大事件吗？

【小结】这首七言律诗创作于红军长征即将胜利结束时，今天这节课我们一起来感受红军不怕远征难的英雄气概，了解这一举世闻名的伟大壮举。（板书：红军不怕远征难）

【设计意图】诗歌是历史的重要载体，通过学生比较熟悉的诗歌，创设学习的情境，拉近学生与历史的距离，激发学习兴趣。

环节二 补充历史资料，了解红军长征的原因

1. 了解长征前期的社会背景

学生根据课前搜集的资料展开交流：中国工农红军已经在井冈山建立了中央革命根据地，在那里有扎实的群众基础，为什么还要选择长征呢?

2. 分析长征的原因

（1）展示《中国工农红军五次反“围剿”情况对比分析表》，让学生仔细阅读并思考从中能看出什么。

表 1-1 中国工农红军五次反“围剿”情况对比分析表

<table>
<tr><th rowspan="2"></th><th rowspan="2">时间</th><th colspan="2">数量对比</th><th rowspan="2">领导人</th><th rowspan="2">战略战术</th><th rowspan="2">结果</th></tr>
<tr><th>敌方人数</th><th>我方人数</th></tr>
<tr><td rowspan="3">第一次至第三次反“围剿”</td><td rowspan="3">1930 年至 1932 年</td><td>10 万</td><td>4 万</td><td rowspan="3">毛泽东</td><td rowspan="4">避敌主力
诱敌深入
集中优势
各个击破</td><td rowspan="4">胜利</td></tr>
<tr><td>20 万</td><td>3 万</td></tr>
<tr><td>30 万</td><td>3 万</td></tr>
<tr><td>第四次反“围剿”</td><td>1933 年</td><td>50 万</td><td>7 万</td><td>周恩来
朱　德</td></tr>
<tr><td>第五次反“围剿”</td><td>1933 年至 1934 年</td><td>50 万</td><td>8 万</td><td>博　古
李　德</td><td>分散兵力
进攻冒进
防御保守</td><td>失败</td></tr>
</table>

（2）学生交流：前四次反“围剿”，红军为什么能够以少胜多？第五次反“围剿”失败的原因是什么？失败后红军面临怎样的境况？

【小结】由于第五次反“围剿”的失败，1934 年 10 月，中国工农红军为

粉碎国民政府的“围剿”，保存实力，也为了北上抗日，挽救民族危亡，实行战略转移从江西瑞金出发，踏上漫漫征程，开始长征。

【设计意图】通过对学习材料的对比分析，帮助学生了解长征的历史背景，知道红军长征是由第五次反“围剿”领导人制定的进攻冒进、防御保守等不恰当的战略战术造成的，明白长征前中国革命、工农红军已经到了生死存亡的关键时刻。

环节三 资料分析，感受红军长征的艰难

1. 了解红军长征的路线

展出示红军长征路线图，引导学生交流：长征的起点和终点分别在哪里？如果你是当时红军的指挥员，你会选择哪条路线？

（1）学生发表自己的意见，并说明理由。

（2）展示完整的红军长征路线图，让学生思考：红军实际的行进路线是怎样的？有什么特点？

2. 了解红军长征途中遇到的困难

（1）小组合作：在地图上找一找红军长征经过的地区，根据老师为每个小组提供的资料想一想红军当时可能面临怎样的困难？

资料1：长征路线图。

资料2：红军走过的河流、攀越的高山、穿越的草地。

资料3：长征途中，红军将士同敌人战斗情况介绍。

资料4：红军长征时的基本生活物资图片。

（2）全班交流汇报，教师板书小结：

①自然环境：路途遥远、环境恶劣（雪山草地、大江大河）。

②生活方面：缺衣少食。

③军事方面：武器落后、兵力悬殊、敌人围追堵截。

【小结】在长征路上，红军战士面对的是恶劣的自然环境以及缺衣少食的艰苦生活，更要随时与数十倍于自己的敌人进行战斗。在长征初期，仅仅一场湘江战役就打了五天五夜，红军将士死伤5万多人。

3. 遵义会议的召开

（1）想一想，面对敌人的围追堵截，如果红军一直这样走下去，会面临怎样的境地？

（2）学生交流：请根据查到的资料介绍一下遵义会议。

【小结】遵义会议是红军长征过程中生死攸关的转折点，奠定了中国革命胜利的基础。中国共产党开始独立自主地解决中国革命和党内的重大问题，在政治上走向成熟，是以这次会议为标志的。以毛泽东同志为核心的第一代中央领导集体，是从这次会议开始逐步形成的。

【设计意图】通过材料分析，让学生感受长征路上的艰难险阻，进一步认识遵义会议对于红军长征的重要意义以及在中国革命史上的重要意义。

环节四 讲长征故事，学长征精神

1. 讲述长征故事

（1）学生交流：在艰苦卓绝的环境中，红军是怎样坚持下来的？

（2）观看《飞夺泸定桥》视频片段，思考：为什么明明知道前面危险重重，夺取泸定桥的难度非常大，红军战士们还是勇往直前？

（3）听老红军战士讲故事的录音，交流：你觉得他们是一群怎样的战士？（板书：百折不挠　不怕牺牲　勇往直前　浴血奋战）

（4）你还知道哪些红军长征的故事？

2. 感悟长征精神

（1）学生交流：是什么让这些年轻的红军战士拥有了不怕牺牲、浴血奋战、百折不挠、勇往直前的长征精神，取得了最后的胜利？

（2）观看国庆阅兵老红军方队视频，谈谈自己的感悟。

【小结】“没有理想信念，长征的路一天也走不下去！”红军战士的理想信念，就是只有共产党才能救中国，所以他们坚定不移地跟着共产党走。（板书：铸就　长征精神）

【设计意图】通过讲述长征故事，引导学生深入思考红军长征精神的内涵，学习红军战士坚定的革命信念，从而丰富学生对长征及长征精神的认知，鼓励学生将长征精神世代相传。

3. 长征精神代代相传

（1）学生交流：长征已经过去了 80 多年，生活在和平时代下的我们，还需要长征精神吗？

（2）不同历史时期会面临不同的挑战，因而也就有了无数弘扬长征精神的奋斗者。你身边有这样的榜样吗？

（3）图片展示：邓稼先、钱学森、钟南山、李兰娟以及抗洪抢险、抗震救灾、抗击疫情中涌现出的人物图片。学生交流：看到这些学习的榜样，你觉得在新时代我们应该如何学习和传承长征精神呢？

（4）完成《我的“长征”》卡填写，并在班内进行交流。

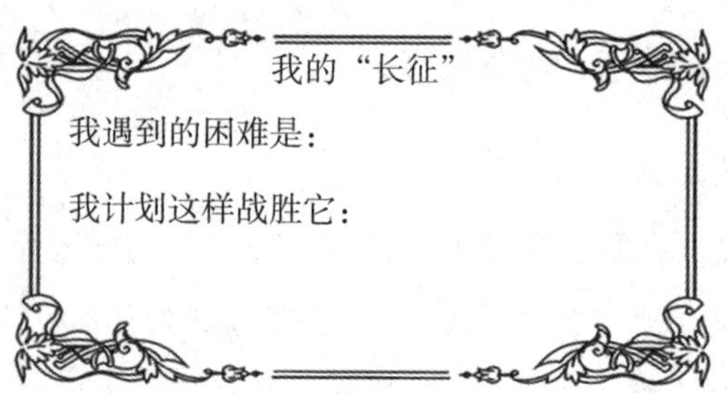

【设计意图】通过呈现不同年代的模范人物，感受长征精神的传承，并通过填写《我的“长征”》卡，鼓励学生在生活和学习中努力传承长征精神。

环节五　课堂总结

1. 课后延伸

课后与小组内的同学交流《我的“长征”》卡，大家相互监督，完成自己的任务目标。

2. 教师总结

举世闻名的长征，是中国共产党和红军谱写的壮丽史诗，铸就了百折不挠、不怕牺牲、勇往直前、浴血奋战的长征精神，凝聚着中国共产党为了实现崇高理想而艰苦奋斗的坚定信念。长征以其穿越时空的永恒魅力，源源不断地为我们提供精神养分，让革命事业薪火相传。长征没有终点，长征永远在路上。

八、板书设计

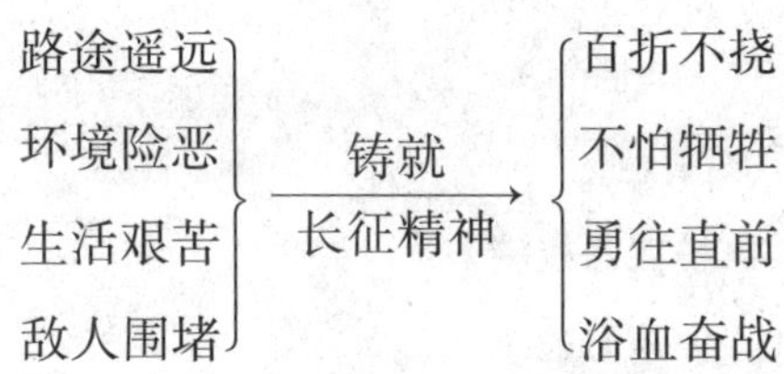

九、课后反思

本节课讲述了二万五千里长征这个中国近代历史上的伟大壮举，其复杂的历史背景和现实意义，对五年级学生来说比较难理解，尤其本课是以讲述故事、事件的形式呈现，没有一条非常清晰的线索，因而本课的重点在于了解长征的精神，挖掘事件背后红军战士内心坚定不屈的信念，并结合现实社会的发展，引起学生的共鸣。

1. 通过毛泽东诗词诵读、资料分析、故事讲述，为学生创设了学习情境，尤其是让学生自己搜集整理并倾情讲述长征故事，如《金色的鱼钩》《丰碑》等，使得红军的形象走进学生的内心深处，引起学生心灵的震动。

2. 在感受长征路上的艰难险阻这一环节，教师通过为学生提供资料袋的方式，让学生以小组合作的形式理解图片、数字、文字背后的意义，感受长征途中环境的险恶、生活的艰苦、战斗的惨烈，从而加深学生的理解，最后利用视频渲染气氛，凸显长征的意义和长征精神的宝贵，培育学生的家国情怀。

3. 最后环节，激发学生弘扬长征精神的情感。对学生来说，弘扬长征精神，不是简单地喊喊口号，而是立足于自己的生活和学习，通过确立小目标的方式，走好自己的“长征”路，实现教育目标。

本课的不足在于，学生对历史事件的了解程度参差不齐，在关于长征的历史背景及长征过程的讨论学习过程中有些拖沓，学生的参与度也不够高，需要加强学生自主学习、搜集材料能力的训练。

第二部分　初中“道德与法治”

八年级下册第一课《维护宪法权威》

第一框《党的主张和人民意志的统一》

第一目《坚持中国共产党领导》

九年级上册第一课《踏上强国之路》

第一框《坚持改革开放》

第二目《中国腾飞谱新篇》

九年级上册第八课《中国人　中国梦》

第一框《我们的梦想》

第二目《新时代　新征程》

□山东师范大学第二附属中学　李方美

一、课标要求

《义务教育道德与法治课程标准》（2022 年版）第三部分“课程目标”中核心素养之“政治认同”第四学段要求“初步了解党史、新中国史、改革开放史、社会主义发展史，知道党的百年奋斗重大成就和历史经验，领悟伟大建党精神的内涵，能够以恰当的方式弘扬爱国主义精神，开展中国共产党人的精神谱系教育；了解我国决胜全面建成小康社会取得的决定性成就和全面建设社会主义现代化强国的新征程；理解中国梦的内涵，树立为中华民族伟大复兴而奋斗的理想”。

二、教材分析

本设计整合了八年级下册第一课第一框第一目《坚持中国共产党领导》、九年级上册第一课第一框第二目《中国腾飞谱新篇》和九年级上册第八课第一框第二目《新时代 新征程》的内容。本设计要求学生明确中国共产党的性质、宗旨、目标及领导地位，在中国共产党的领导下走强国富民之路。引领学生感知在中国共产党的领导下我国取得的辉煌成就，理解中国特色社会主义进入新时代的背景与意义，引导学生把个人成长与国家发展结合起来，明确自己所肩负的责任与使命。

三、学情分析

进入初中后，伴随着身体的成长和心理的变化，以及生活领域的扩大，学生需要面对和处理日益复杂的与他人、与社会和与国家的关系。从认知特点来看，初中学生的逻辑思维迅速发展，开始由"经验型"向"理论型"转化，他们好奇心强，思维活跃，求知欲十分旺盛，自我意识发展迅速。他们的思维独立性和批判性也有了很大的发展，一般不会再满足于现成的结论和简单的说教，需要主动地将坚持中国共产党领导、改革开放的成就等信息进行加工和处理，从而自主构建起理性认识。但由于经验欠缺和逻辑思维还不成熟，他们的认识容易带有片面性和表面性，因此教学内容要有一定的理论性，引导学生去探寻其背后的理念和意义。要从学生的经验出发，通过典型的事例，用事实说话，以理服人，努力使其认同并坚持中国共产党领导，从而热爱中国共产党，做社会主义事业的合格建设者和可靠接班人。

四、教学目标

1. 通过观看视频和讲述红色故事，让学生了解中国共产党的诞生是开天辟地的大事件。理解伟大建党精神的内涵，领悟伟大建党精神是中国共产党的精神之源。

2. 通过改革开放成就展和视频展示，让学生了解中国共产党领导中国人民解放思想、锐意进取，创造了社会主义现代化建设的伟大成就，实现了人民生活从温饱不足到总体小康进而全面建成小康社会的历史性跨越，推进中华民族从站起来、富起来到强起来的伟大飞跃，理解中国特色社会主义道路是指引中国发展繁荣的正确道路，坚定“四个自信”。

3. 通过观看视频《中国特色社会主义进入新时代》和学生研讨，让学生了解中国特色社会主义新时代是我国发展新的历史方位；理解确立习近平新时代中国特色社会主义思想的指导地位，对新时代党和国家事业发展、对推进中华民族伟大复兴历史进程具有决定性意义；增强做中国人的志气、骨气、底气，认识并积极承担当代少先队员、共青团员的时代使命。

五、教学重点难点

1. 教学重点：坚持中国共产党领导。

2. 教学难点：让学生理解新时代中国特色社会主义发展的战略安排，在此基础上，让学生思考个人成长与国家发展的关系，明确自己的责任与使命，永远跟党走。

六、教学方法

教学方法有案例教学法、小组合作探究式教学法、活动体验式教学法、主题讨论式教学法等。

七、教学过程

【导入】师生共唱《没有共产党就没有新中国》，烘托课堂气氛，激发学习热情，紧扣教学主题。

环节一 知党史

活动一：观看视频《一艘红船》

【教师引领】2021 年是中国共产党成立 100 周年。100 年来，中国共产党始终秉持为中国人民谋幸福、为中华民族谋复兴的初心和使命，团结带领全国各族人民浴血奋斗、发愤图强，带领中国不断取得革命和建设的胜利，使中华民族迎来了从站起来、富起来到强起来的伟大飞跃。

【学生思考】中国共产党为什么能够领航中国不断取得革命和建设的胜利？从中国共产党的性质、宗旨、目标和领导地位等方面来谈（小组讨论）。

【学生回答】略。

【师生共同总结】中国共产党是中国工人阶级的先锋队，同时是中国人民和中华民族的先锋队。全心全意为人民服务是党的根本宗旨。党的最高理想和最终目标是实现共产主义。中国共产党领导是中国特色社会主义最本质的特征，是中国特色社会主义制度的最大优势。党是最高政治领导力量。

【设计意图】通过视频展示直观形象，帮助学生再次加深对中国共产党的认识，了解党史的相关知识，内心坚定坚持中国共产党领导的信念，从情感上进一步升华。

活动二：红色故事我来讲

选取一两名学生讲述自己熟知的红色故事，其他同学听故事谈感受。

【学生活动】略。

【设计意图】通过学生自身的讲解进一步印证中国共产党的性质、宗旨等党史知识，明确必须坚持中国共产党领导。同时，由学生讲故事更能拉近距离，有亲近感和说服力。通过故事的讲解，激发学生热爱中国共产党的热情，避免乏味的说教。

环节二 感党恩

【教师引领】40 多年来，中国人民坚持改革开放，极大地解放和发展了社会生产力。在中国共产党领导下，中国人民创造了人类发展史上的伟大奇迹，充分显示了中国力量。

活动三：“晒一晒”你和家人的幸福生活

请学生用各种方式（图画、音频、视频或文字叙述等）“晒一晒”自改革开放以来自己和家人在衣、食、住、行等方面发生的变化。学生要提前准备。

【学生展示】略。

【设计意图】请学生以自己熟知的方式记录并展示家庭的幸福生活，从学生自身体验的角度展示改革开放的成就，会更有说服力，让学生进一步深刻体会中国共产党领导人民过上了幸福生活。旨在引导学生感受改革开放让中国人民过上了幸福生活，认识到自己就是改革开放的受益者，这一切离不开中国共产党的正确领导。

活动四：腾飞的中国

学生观看改革开放 40 多年来巨大成就的相关视频，谈感想。

【学生谈感想】大家为国家取得的重大成就点赞，为生在中国而自豪。

【师生总结】今天，中国已经成为世界第二大经济体，制造业第一大国，货物贸易第一大国，商品消费第二大国，外汇储备连续多年位居世界第一，科技、教育、文化等各项事业蓬勃发展。中国共产党领导的改革开放是中国和世界共同发展进步的伟大历程，不仅深刻改变了中国，也深刻影响着世界。中国已成为影响世界的重要力量。

【师生诵读】十年来，我们经历了对党和人民事业具有重大现实意义和深远历史意义的三件大事：一是迎来中国共产党成立一百周年，二是中国特色社会主义进入新时代，三是完成脱贫攻坚、全面建成小康社会的历史任务，实现第一个百年奋斗目标。这是中国共产党和中国人民团结奋斗赢得的历史性胜利，是彪炳中华民族发展史册的历史性胜利，也是对世界具有深远影响的历史性胜利。

——2022 年 10 月 16 日，习近平在中国共产党第二十次全国代表大会上的报告摘选

【设计意图】通过视频的直观形象，让同学们感受到我国经济建设取得的巨大成就和中国经济发展给世界带来的积极影响，通过诵读二十大报告相关内容，坚定中国共产党领导，增强民族自信心和自豪感。引导学生坚定走中国特色社会主义道路，增强中国特色社会主义道路自信和制度自信。

环节三 跟党走

【教师引领】中国的腾飞证明，改革开放是决定当代中国命运的关键抉择。2017 年 10 月召开的党的十九大指出，经过长期努力，中国特色社会主义

进入了新时代。

活动五：擘画新时代

【观看视频】《中国特色社会主义进入新时代》。

学生观看后，探究与分享：

关于新时代，几位同学从不同的角度谈了自己的看法。

同学甲：新时代是人民创造美好生活、实现共同富裕的时代。

同学乙：新时代是实现中华民族伟大复兴中国梦的时代。

同学丙：新时代是全面建设社会主义现代化强国的时代。

同学丁：新时代是中国日益走近世界舞台中央、不断为人类作出重大贡献的时代。

结合自己的生活感受或者时政新闻，与同学们分享你对新时代的理解。

【学生活动】略。

【师生总结】对中华民族来说，这是迎来实现中华民族伟大复兴光明前景的新时代；对科学社会主义来说，这是在世界上高高举起中国特色社会主义伟大旗帜的新时代；对整个世界来说，这是中国为促进世界各国的发展和解决人类问题贡献中国智慧和中国方案的新时代。

新中国：站起来。

改革开放：富起来。

新时代：强起来。

与学生分享图片《新时代的时间轴》。

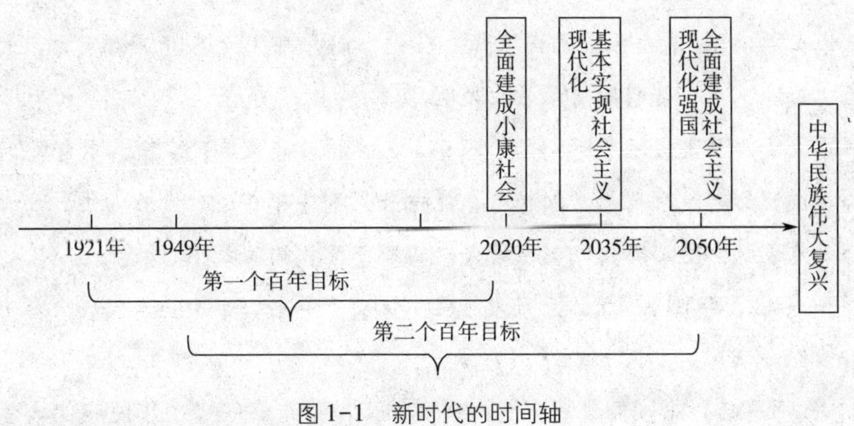

图1-1　新时代的时间轴

【引导学生进一步思考】进入新时代的中国还面临哪些挑战和困难？

【学生合作探究】（1）社会主要矛盾方面：已经转化为人民日益增长的美好生活需要和不平衡不充分发展之间的矛盾。（2）社会经济发展方面：经济发展进入新常态，区域发展不平衡，城乡发展不平衡。（3）民主政治、法治建设方面：社会主义制度不完善，民主权利还不充分，腐败现象仍然存在。（4）国家文化软实力有待提高。（5）资源问题、环境问题、人口问题突出。

【教师引领】进入新时代，中国共产党领导全国各族人民，在马克思列宁主义、毛泽东思想、邓小平理论、“三个代表”重要思想、科学发展观、习近平新时代中国特色社会主义思想的指引下，全面擘画中国特色社会主义伟大事业。

【设计意图】通过展示几位同学对新时代的不同理解，一方面激发学生迎接新时代的热情，使学生懂得要抓住新时代的机遇；另一方面培养学生的辩证思维能力，迎接现实的挑战，激发学生的学习兴趣。

活动六：奉献新时代

【教师引领】今天的我们是未来中国特色社会主义事业的建设者和发展成果的分享者。试着画一条从现在到本世纪中叶的生命线，设想你的人生轨迹，标明关键的时间点和可能发生的重要事件。

【学生思考】你将如何奉献社会、创造人生价值？国家、社会和你的家庭将因为什么而为你感到骄傲？

【学生活动】略。

【师生诵读】青年强，则国家强。当代中国青年生逢其时，施展才干的舞台无比广阔，实现梦想的前景无比光明。

广大青年要坚定不移听党话、跟党走，怀抱梦想又脚踏实地，敢想敢为又善作善成，立志做有理想、敢担当、能吃苦、肯奋斗的新时代好青年，让青春在全面建设社会主义现代化国家的火热实践中绽放绚丽之花。

——2022 年 10 月 16 日，习近平在中国共产党第二十次全国代表大会上的报告摘选

【教师总结】中国梦是历史的、现实的，也是未来的。中华民族伟大复兴

的中国梦终将在中国共产党领导下，在一代代青年的接力奋斗中变为现实。

【设计意图】本活动一方面在理论和实践相联系的过程中激发学生学习兴趣；另一方面，引导学生初步思考自己该如何结合中华民族伟大复兴的中国梦来规划人生。教师要引导学生在中华民族伟大复兴的大背景下思考自己的未来，帮助学生进一步理解中国梦，增强他们的社会责任感和历史使命感，教育学生要做中国特色社会主义事业的建设者，做与祖国和时代共成长的中国人。

【师生共唱】唱歌曲《我们是共产主义接班人》，结束本课。

八、课外活动

寻找身边的优秀共产党员，了解他们的光荣事迹，谈谈自己应该怎样向榜样学习。

【设计意图】本活动旨在让学生了解身边优秀共产党员的模范事迹，引导他们见贤思齐，用鲜活的事例激发学生从内心深处拥护中国共产党领导，身体力行，担负起应有的历史责任与使命。

九、教学反思

本设计有知党史、感党恩、跟党走三个教学环节，旨在从知、思、行三个方面落实教学目标。本设计包含许多教学活动，有学生直观的体验，也有国家宏观的发展，由个人到国家，由小到大，由近及远，符合学生的认知特点，能够调动学生参与课堂的积极性和主动性，让他们有话可说、有理可明。另外引入二十大报告中的相关内容，让学生知晓、感悟，做国家的主人，关心国家大事，关注国家的发展。心中有方向，脚下有力量，明确国家的腾飞、中华民族的伟大复兴必须要坚持中国共产党的领导，坚定信心，永远跟党走，做社会主义事业的合格建设者和可靠接班人。不足之处：一是需要学生课前准备的资料较多，如自己熟知的红色故事，改革开放给自己家庭带来的变化等，提高影响课堂的参与度；二是教学过程中要充分调动学生的积极性，让学生参与到本设计的各个活动中，通过思维碰撞、情感体验等方式增强认识，并落实到行动中，达到提升核心素养的目的。

第三部分　普通高中“思想政治”

必修3《政治与法治》第一单元《中国共产党的领导》
第一课《历史和人民的选择》
第二框《中国共产党领导中国人民站起来、富起来、强起来》

□山东师范大学附属中学　于晓丽

一、课标要求

《普通高中思想政治课程标准》（2017 年版，2020 年修订）第四部分“课程内容”必修课程“模块 3：政治与法治”内容要求“1.1 引述宪法序言，说明没有中国共产党就没有新中国，阐明中国共产党成为执政党的必然性”。

二、教材分析

本框题共有三目的内容，第一目《建立新中国　中国人民站起来》，通过探究与分享、专家点评等，讲述了中国共产党团结带领人民完成了反帝反封建的任务，取得了新民主主义革命的胜利，建立了新中国，中国人民从此站起来。在此基础上，中国共产党团结带领人民继续进行社会主义革命，确立了社会主义基本制度，推动社会主义建设。第二目《实行改革开放　走向民富国强》，通过探究与分享、相关链接等内容，阐述了改革开放是决定当代中国命运的关键抉择，阐明了改革开放的目的与伟大意义。第三目《进入新时代　踏上新征程》，通过探究与分享、相关链接等内容，阐述了中国特色社会主义进入了新时代，我国发展站在新的历史方位，进而阐述了中国特色社会主义进入新时代的伟大意义。

第一目阐明了中国共产党领导人民站起来，第二目阐明了中国共产党领导人民富起来，第三目阐明了中国共产党领导人民强起来。其中，中华人民共和国的成立为实现中华民族的伟大复兴创造了政治前提，社会主义建设所取得的成就为改革开放奠定了坚实基础，改革开放推动中国特色社会主义进入新时代。实践证明，由中国共产党领导中华民族实现伟大复兴，是历史的选择，是人民的选择，是正确的选择。

三、学情分析

从认知结构来看，学生能够说出中华人民共和国的成立、改革开放、新时代这三个历史性词语，但不了解其中的重大意义，不清楚其历史发展脉络及内在联系。本框涉及中国共产党历史的相关知识，学生相应的历史知识储备不足。从思维特点来看，学生具有一定的抽象思维与辩证思维能力，但在透过现象看本质以及把握未来事物发展的关联性与预见性方面尚有欠缺。从情感特点来看，学生对于中国共产党领导核心地位的确立有一定的情感认同，但对于具体的历史及现实成就理解并不深刻，需要结合对历史及现实成就的深刻剖析进一步强化政治认同，坚定理想信念。

四、教学目标

1. 通过列举史实，说明中华人民共和国的成立和社会主义基本制度的确立为当代中国的发展进步创造了政治前提和制度基础。

2. 通过回顾社会主义建设初期的成就，理解中国共产党领导人民艰辛探索社会主义建设道路所取得的伟大成就和历史经验，为改革开放奠定了坚实基础。

3. 通过播放视频《伟大的改革开放以及我国改革开放的重大事件》，阐明改革开放是决定当代中国命运的关键抉择，明确改革开放永无止境。

4. 通过分析当前我国社会发展的实际，列举中国特色社会主义进入新时代以来在中国共产党的领导下所取得的成就，进一步了解新时代我国社会主要矛盾，说明中国特色社会主义进入新时代、党领导人民踏上新征程的历史意义。

5. 通过列举中华人民共和国成立70多年来在党的领导下所取得的巨大成就，明确由中国共产党领导中华民族实现伟大复兴，是历史的选择、人民的选择、正确的选择。必须坚决拥护中国共产党的领导，坚定中国特色社会主义理想信念，积极投身改革开放和新时代建设的伟大实践。

五、教学重点难点

1. 教学重点：社会主义制度的建立过程和意义、改革开放的目的和意义、中国特色社会主义进入新时代的历史意义。

2. 教学难点：对中国特色社会主义进入新时代的理解。

六、教学方法

综合运用议题式教学法、综合性教学法、互动式教学法、探究式教学法等教学方法进行教学，引导学生在议题引导下深入思考，在案例、活动探究中深化理解，强化认同。

七、教学过程

环节一 创境激趣，提出议题

【视频播放】中国共产党成立100周年庆典精彩片段。

2021年是中国共产党成立100周年。100年来，中国共产党团结带领中国人民进行了艰苦卓绝的斗争，中华民族迎来了从站起来、富起来到强起来的伟大飞跃。中国特色社会主义进入新时代，中国共产党不忘初心，牢记使命，正带领中国人民谱写中华民族伟大复兴的新篇章。

从百年前的积贫积弱到今天的辉煌成就，中国共产党领导人民走出了一条中国道路，创造了让世界惊叹的中国奇迹。探究其中的奥秘，答案就蕴藏在中国共产党领导人民从站起来、富起来到强起来的奋斗史中。

【总议题】为什么中国共产党领导中华民族实现伟大复兴是历史的选择，

是人民的选择，是正确的选择？

环节二 引思明理，解决议题

1. 建立新中国，中国人民站起来

分议题1：中国人民是如何在党的领导下真正“站起来”的？

镜头一：日出东方——中华人民共和国成立。

【视频播放】《开国大典》。

中国共产党领导中国人民进行了艰苦卓绝的奋斗之后，久经磨难的文明古国终于迎来了新生。毛泽东站在天安门城楼上向世界庄严宣告：“中华人民共和国中央人民政府今天成立了！”中国人民在中国共产党的领导下站起来了。

【探究问题】结合视频和所学知识，谈谈中华人民共和国成立对中华民族实现伟大复兴的重大意义。

【设计意图】组织学生进行小组合作探究，使学生能够多角度理解中华人民共和国成立的伟大意义，特别是其伟大的政治意义。

【议学提示】中华人民共和国的成立，开辟了中国历史的新纪元，从此中国结束了被侵略、被奴役的屈辱历史，成为独立自主的国家，中国人民从此站起来了，成了国家的主人。中华人民共和国的成立为实现由新民主主义向社会主义的过渡，并在社会主义道路上实现中华民族的伟大复兴创造了政治前提。然而，奠基之初的新中国，对内面临着一穷二白的家底，对外面临着帝国主义的封锁包围，要想真正站起来，就必须尽快发展起来，建立并巩固社会主义制度。

镜头二：伟大变革——社会主义制度确立。

【视频播放】《大步迈向社会主义——“一化三改”》。

新中国成立之初，一穷二白、满目疮痍，面对百废待兴的现状，党和人民怎么办？只有选择社会主义道路，通过独立自主、自力更生，建设新中国。

【探究问题】（1）中国共产党是如何领导中国人民确立社会主义制度的，其确立的伟大历史意义是什么？

（2）结合史实，谈谈如何正确看待我国在社会主义建设初步探索时期取得的成就和遭受的挫折。

【设计意图】组织学生围绕问题进行小组合作探究，适当拓展“一化三改”和第一个五年计划的知识，使学生明确社会主义制度的确立是中华民族有史以来最深刻最伟大的社会变革，突破社会主义制度的建立过程和意义这一教学重点。探讨初步探索时期的成就与挫折，使学生辩证地看待前进道路上的曲折，提升科学精神等核心素养，寓评价于交流之中，做好价值引领。

【议学提示】社会主义基本制度在我国的确立，为我国逐步走向国家富强、人民幸福，为当代中国的一切发展进步奠定了制度基础。在中国怎样坚持和建设社会主义、怎样巩固和发展社会主义，并没有现成的道路可走，在探索实践的过程中，我们有成就，也有挫折。历史告诉我们，要坚持实事求是的思想路线，总结经验，吸取教训，并在这一基础上把党和人民的事业继续推向前进。

2. 实行改革开放，走向民富国强

分议题2：中国共产党是如何带领人民一步步走向民富国强的？

镜头三：伟大转折——改革开放。

【视频播放】《伟大的改革开放》。

顺应时代潮流和人民愿望，1978 年 12 月召开了党的十一届三中全会，实现了新中国成立以来党的历史上具有深远意义的伟大转折，开启了改革开放的历史新时期。这是中国人民走向共同富裕道路的开始。从此，中国开启了建设中国特色社会主义的新征程。

【探究问题】为什么说改革开放是决定当代中国命运的关键抉择？请结合视频和你所见证的我国改革开放的重大事件来说明。

【设计意图】组织学生合作探究，生生之间、师生之间分享观点，交流意见。教师可以从“三个有利于”角度引导学生思考，突破改革开放的目的和意义这一教学重点，阐明改革开放是决定当代中国命运的关键抉择，让学生明确改革开放永无止境，只有进行时，没有完成时。

【议学提示】从党的十一届三中全会到现在，改革开放极大地改变了中国的面貌、中华民族的面貌、中国人民的面貌，这是中国共产党对中华民族和中国人民作出的伟大历史贡献。40 多年来的实践已充分证明，改革开放是当代中国发展进步的活力之源，是党和人民事业大踏步赶上时代的重要法宝，是坚持和发展中国特色社会主义的必由之路，是决定当代中国命运的关键一招，也是实现“两个一百年”奋斗目标、实现中华民族伟大复兴的关键一招。改革开放是大势所趋、人心所向，停顿和倒退没有出路。实践发展永无止境，改革开放也永无止境。我们要在党的领导下，继续深化改革、扩大开放。

3. 进入新时代，踏上新征程

分议题3：为什么新时代仍然需要发挥党的领导核心作用？

镜头四：砥砺奋进——走进新时代。

【学生活动】以“新时代，我们再出发”为主题，学生分小组搜集并展示中国特色社会主义进入新时代以来，在中国共产党的领导下，我国政治、经济、文化、社会、生态等方面所取得的伟大成就，并谈谈这些成就对你的生活所带来的深刻变化。

【探究问题】(1) 请结合中国特色社会主义进入新时代的伟大成就，谈谈你对新时代的认识。(2) 在新时代，为什么要继续发挥党的领导核心作用？

【设计意图】结合新时代中国政治、经济、文化、社会、生态各领域的发展变化，组织学生合作探究，引导学生全面理解新时代的成就、内涵和意义，突破中国特色社会主义进入新时代这一重难点，进而明确由中国共产党领导中华民族实现伟大复兴，是历史的选择，是人民的选择，是正确的选择，增强坚持党的领导的政治认同素养。同时做好价值引领，激励青年学生积极投身实践，做新时代的奋斗者。

【议学提示】中国特色社会主义进入新时代，是我国发展新的历史方位，意味着近代以来久经磨难的中华民族迎来了从站起来、富起来到强起来的伟大飞跃。新时代属于每一个人，每一个人都是新时代的见证者、开创者、建设者。作为青年学生，我们要立志新时代、奋斗新时代。站在新时代新起点，回顾中国共产党团结带领中国人民不懈奋斗的光辉历程，实践充分证明，由中国共产党领导中华民族实现伟大复兴，是历史的选择，是人民的选择，是正确的选择。面向未来，我们要在党的领导下，坚定不移走中国特色社会主义道路，接续谱写新中国历史发展的新篇章。

环节三 体验导行，升华议题

赴山东博物馆、中共山东早期历史纪念馆等地参观调研，深入了解中国共产党领导人民奋斗的历程，尤其是浸润新时代十年来取得的成就。通过微视频制作、展板制作等实践活动深化对党的认识，坚定“由中国共产党领导中华民族实现伟大复兴，是历史的选择、人民的选择、是正确的选择”这一理想信念。

八、课外活动

在参观调研中共山东早期历史纪念馆、搜集了解建党百年成就的基础上，围绕“请党放心，强国有我”主题组织演讲比赛，使学生在演讲中进一步明确新时代青年的使命与担当。

九、教学反思

本节课主要是围绕议题、设计活动型学科课程的教学。课前通过学生对相关史实的搜集整理，了解史实并概括出坚持党的领导的脉络，通过历史来有力证明中国共产党在领导人民站起来、富起来、强起来的过程中的核心作用。课堂探究环节精选视频材料，针对中华人民共和国的成立、社会主义制度在中国的确立、改革开放、新时代这几大历史节点，围绕议题设置探究问题，让学生在合作学习和探究学习的过程中明晰其伟大的历史意义，突破重点难点，增强政治认同，提高科学精神等学科核心素养。通过对历史现实成就的搜集展示、参观中共山东早期历史纪念馆等活动，力争做到思政小课堂与社会大课堂的有机融合。

本框内容在时间跨度上比较大，知识比较多，在教学中三个环节的时间分配略显不足，从课程内容的有效衔接以及知识深度的挖掘方面还需要进一步提升。教学方法的运用力求贴近教学实际，实现最优的教学目标，但在教学实践中如何更好地加以运用，仍需进一步钻研。

第四部分 大学“中国近现代史纲要”

第四章《中国共产党成立和中国革命新局面》

□山东师范大学 宫晓燕

一、教材分析

本主题以学习百年党史为切入点，主要对应《中国近现代史纲要》第四章的内容，也涉及第五至第十章的部分内容。主要分析了三个问题。第一个问题是中国共产党百年奋斗历程创造了哪些伟大成就？体会党的百年历史波澜壮阔，党的百年奋斗成就辉煌。第二个问题是中国共产党取得伟大成就的重要原因是什么？明确中国共产党人理想信念的内涵及坚定理想信念的重要性。第三个问题是当代青年人如何学史践行，坚定理想信念？激励青年人要从党史学习中激发信仰、获得启发、汲取力量，增强做中国人的志气、骨气和底气。

中国共产党一经成立，就把实现共产主义作为党的最高理想和最终目标，义无反顾地肩负起实现中华民族伟大复兴的历史使命。中国人民由此踏上了争取民族独立、自身解放的光明道路，开启了实现国家富强、人民富裕的历史征程。中国共产党人的初心和使命，就是为中国人民谋幸福，为中华民族谋复兴。这个初心和使命是激励中国共产党人不断前进的根本动力。一百多年来，不管形势和任务如何变化，不管遇到什么样的惊涛骇浪，中国共产党都始终坚定理想信念、锚定奋斗目标，牢牢掌握党和国家事业发展的历史主动，为中国共产党在百年赶考中交出优异答卷提供了坚强思想保证和精神力量。

二、学情分析

从知识背景来看，学生对百年党史有所了解，但是不能完整、清晰地把握中国共产党领导全国各族人民进行新民主主义革命，进行社会主义革命、建设和改革的历史进程。

从思维特点来看，学生了解一些重大历史事件，但是由于学生对马克思主义基本原理掌握不足，还不能完全领会其中的历史逻辑、理论逻辑、实践逻辑。

从情感态度来看，学生爱党爱国，在党史学习中容易形成政治认同和情感共鸣，但由于年龄小、阅历浅等原因，还不能够用科学的历史观方法论分析问题、解决问题，容易受到历史虚无主义的影响。

三、教学目标

1. 知识目标：了解中国共产党百年奋斗的光辉历程和创造的伟大成就，深刻理解没有共产党就没有新中国、只有社会主义才能救中国的道理。

2. 能力目标：通过学习百年党史，树牢唯物史观，提高运用科学的历史观方法论分析问题和解决问题的能力，警惕和反对历史虚无主义。

3. 情感、态度、价值观目标：通过学习党史，深刻领会中国共产党为什么能、马克思主义为什么行、中国特色社会主义为什么好，更加坚定地在中国共产党的坚强领导下为实现中华民族伟大复兴而不懈奋斗。

四、教学重点难点

1. 教学重点：青年大学生如何坚定理想信念。

2. 教学难点：理想信念的科学性、进步性、现实性。

五、教学方法

1. 问题导向教学法。按照“是什么”“为什么”“怎么做”的逻辑思维顺序，提出紧密关联、层层递进的三个问题：中国共产党百年奋斗历程创造了哪些伟大成就？中国共产党取得伟大成就的重要原因是什么？当代青年人如何学史践行，坚定理想信念？以这三个问题激发学生进行深入思考。

2. 议题式教学法。学生以小组为单位，围绕议题进行讨论、交流，分享观点，形成共识，提升思维能力和团队协作意识。

六、教学过程

【导入】播放视频：播放文献纪录片《筑梦路上》第 32 集《走向复兴》，介绍《筑梦路上》的内容和影响。

1. 中国共产党百年奋斗历程中创造了哪些伟大成就？

【教师引导思考】文献纪录片《筑梦路上》是一部充满历史自信的力作。它将中国共产党的历史与中华民族伟大复兴的历程紧密结合起来，用“讲故事、析事理”的手法，展现党团结带领全国各族人民经历的“寻梦、追梦、筑梦、圆梦”之路，在宏大的历史背景中展现信念的力量，描绘牺牲的壮烈，抒写奋斗的艰辛，揭示胜利的法则。

中国共产党领导人民取得了哪些丰功伟绩？

习近平总书记在庆祝中国共产党成立 100 周年大会上的讲话中对这个问题作了全面、准确的概括。

为了实现中华民族伟大复兴，中国共产党团结带领中国人民，浴血奋战、百折不挠，创造了新民主主义革命的伟大成就。……为实现中华民族伟大复兴创造了根本社会条件。

为了实现中华民族伟大复兴，中国共产党团结带领中国人民，自力更生、发愤图强，创造了社会主义革命和建设的伟大成就。实现了中华民族有史以来最为广泛而深刻的社会变革……为实现中华民族伟大复兴奠定了根本政治前提和制度基础。

为了实现中华民族伟大复兴，中国共产党团结带领中国人民，解放思想、锐意进取，创造了改革开放和社会主义现代化建设的伟大成就。……坚定不移推进改革开放，战胜来自各方面的风险挑战，开创、坚持、捍卫、发展中国特色社会主义。

为了实现中华民族伟大复兴，中国共产党团结带领中国人民，自信自强、守正创新，创造了新时代中国特色社会主义的伟大成就。中华民族迎来了从站起来、富起来到强起来的伟大飞跃，实现中华民族伟大复兴进入了不可逆转的历史进程。

2. 中国共产党取得伟大成就的重要原因

【导入】播放视频：2021 年 4 月 25 日上午，正在广西考察调研的习近平总书记，来到位于桂林市全州县才湾镇的红军长征湘江战役纪念园，向湘江战役红军烈士敬献花篮，并参观红军长征湘江战役纪念馆。

PPT 展示湘江战役中红 34 师师长陈树湘的事迹。

【教师引导思考】习近平指出，湘江战役是红军长征中的壮烈一战，是决定中国革命生死存亡的重要历史事件。红军将士视死如归、向死而生、一往无前，靠的是理想信念。为什么中国革命能成功？奥秘就是革命理想高于天，在最困难的时候坚持下去，这样才能不断取得奇迹般的胜利。坚定理想信念，坚守共产党人精神追求，始终是共产党人安身立命的根本。习近平总书记指出："历史和实践反复证明，一个政党有了远大理想和崇高追求，就会坚强有力，无坚不摧，无往不胜，就能经受一次次挫折而又一次次奋起。"

【协作探究】在中国共产党的奋斗历程中，为什么理想信念会如此重要？让学生按照小组进行讨论，每组推荐一名同学发言回答。

【教师总结】首先，一个民族要走在时代前列，就一刻也不能没有理论思维，一刻也不能没有思想指引。在近代中国最危急的时刻，中国共产党人找到了马克思列宁主义，并坚持将马克思列宁主义同中国实际相结合，用马克思主义真理的力量激活了中华民族历经几千年创造的伟大文明，使中华文明再次迸发出强大精神力量。实践证明，马克思主义是我们认识世界、把握规律、追求真理、改造世界的强大思想武器，是我们党和国家必须始终遵循的指导思想。

其次，信仰、信念、信心，任何时候都至关重要。小到一个人、一个集体，大到一个政党、一个民族、一个国家，只要有信仰、信念、信心，就会愈挫愈奋、愈战愈勇，否则就会不战自败、不打自垮。无论过去、现在还是将来，对马克思主义的信仰，对中国特色社会主义的信念，对实现中华民族伟大复兴中国梦的信心，都是指引和支撑中国人民站起来、富起来、强起来的强大精神力量。

3. 当代青年人如何学史践行，坚定理想信念？

【导入】播放视频：90 后、00 后青年抗疫。

PPT 展示文章：《疫情大考中，90 后、00 后的青春担当》。

【协作探究】引导同学们分组讨论当代青年人如何学史践行，坚定理想信念。

【教师总结】首先，要牢牢把握理想信念的科学性、进步性、现实性。中国共产党人的理想信念，是马克思主义真理信仰、共产主义远大理想和中国特色社会主义共同理想。

这个理想信念具有科学性。中国共产党人的理想信念，建立在马克思主义科学真理的基础之上，建立在马克思主义揭示的人类社会发展规律的基础之上，建立在为最广大人民谋利益的崇高价值的基础之上。

这个理想信念具有进步性，进步性主要表现为它的人民性。马克思主义是人民的理论，指明了依靠人民推动历史前进的人间正道。我们的党始终把人民放在心中最高位置。

中国共产党人的理想信念还具有现实性。理想信念的坚守，既是一个认识问题，也是一个实践问题。实践没有止境，对历史规律的认识和把握也没有止境。与时代发展同步、与时俱进，是中国共产党人理想信念现实性的重要表现。

其次，要坚持和发展中国特色社会主义。坚守对马克思主义的信仰、对中国特色社会主义的信念、对实现中华民族伟大复兴中国梦的信心，是贯穿党史学习教育的一条红线。在新时代，坚定理想信念，最重要的就是要坚定中国特色社会主义道路自信、理论自信、制度自信、文化自信。党的百年奋斗历程和伟大成就是我们增强“四个自信”最坚实的基础。

以习近平同志为核心的党中央带领中国人民进行了具有许多新的历史特点的伟大斗争，解决了许多长期想解决而没有解决的难题，办成了许多过去想办而没有办成的大事，为实现中华民族伟大复兴提供了更为完善的制度保证、更为坚实的物质基础、更为主动的精神力量。

再次，要树立正确党史观。现在，一些错误倾向要引起警惕：有的夸大党史上的失误和曲折，肆意抹黑歪曲党的历史、攻击党的领导；有的将党史事件同现实问题刻意勾连、恶意炒作；有的不信正史信野史，将党史庸俗化、娱乐化，热衷传播八卦轶闻，对非法境外出版物津津乐道。对此，我们要坚持唯物史观，以党关于历史问题的两个决议和党中央有关精神为依据，准确把握党的历史发展的主题主线、主流本质，正确认识和科学评价党史上的重大事件、重要会议、重要人物。

要实事求是看待党史上的一些重大问题，既不能因为成就而回避失误和曲折，也不能因为探索中的失误和曲折而否定成就。要旗帜鲜明反对历史虚无主义，澄清对党史上一些重大历史问题的模糊认识和片面理解，更好正本清源、固本培元。

【结语】当代中国青年是与新时代同向同行、共同前进的一代。青年人要从党史学习中激发信仰、获得启发、汲取力量，增强做中国人的志气、骨气、底气。要锤炼品德，追求更有高度、更有境界、更有品位的人生；要勇于创新，敢为人先、敢于突破，以聪明才智贡献国家；要脚踏实地、埋头苦干，在新时代成就一番事业。

七、课外活动

1. 线上教学：布置学生观看文献纪录片《山河岁月》，并写出观后感。

2. 带领学生参观中共山东早期历史纪念馆，了解山东党史。

八、教学反思

1. 本次授课采取了问题导向教学法和议题式教学法，重视学生的主体地位，教学设计突出启发性、挑战性，课堂气氛活跃，提高了学生的课堂参与度。

2. 授课内容吸收了党的二十大报告的新观点、新论断，习近平总书记在庆祝中国共产党成立100周年大会上的讲话以及在党史学习教育动员大会上的讲话的相关内容，体现了教学内容的与时俱进。

3. 在授课中发现，部分学生，尤其是理工科学生党史知识积累不够丰富，在一定程度上影响了对重要历史经验和规律的理解。

主题二

坚定文化自信　建设文化强国

第一部分 小学“道德与法治”

二年级上册第一单元《我们的节假日》

第四课《团团圆圆过中秋》

第一课时《中秋节，团圆夜》

□济南市棋盘街小学 李晶

一、课标要求

《义务教育道德与法治课程标准》（2022年版）第三部分“课程目标”中核心素养六“政治认同”第一学段要求学生“感知中华优秀传统文化的主要符号，对中华优秀传统文化具有亲切感”。

二、教材分析

《中秋节，团圆夜》是《道德与法治》（部编版）二年级上册第一单元第四课《团团圆圆过中秋》第一课时的教学内容。教材从中秋节为例导入，引导学生了解不同家庭、不同地区过中秋的传统习俗及文化内涵。通过诵读与明月有关的古诗词、讲述中秋团圆故事，引导学生结合自己的生活经验，认识到中秋节对中国人有不同的意义，进一步感受中秋文化所蕴含的人文情怀，感悟中华文化的魅力。

三、学情分析

二年级学生对于中秋节已经有了一些了解，能感受到节日的快乐，但是对于与中秋节有关的传统文化知道得比较少，有的仅限于知道家长讲述的神话故事，了解得不够深刻，特别是对于团圆的意义、不同地区的风俗习惯知道得比较少。

四、教学目标

1. 初步了解中秋节的来历与习俗，感受传统文化的魅力。

2. 体会中秋节团聚的幸福，增强民族文化自信，培养家国情怀。

3. 学习用不同的方式了解搜集关于中秋节的资料，愿意与同伴进行分享。

五、教学重点难点

1. 教学重点：知道中秋节的来历与习俗，知道中秋节是家人团聚的节日；学会用不同方式搜集资料的方法。

2. 教学难点：体会中秋节家人团聚的快乐；感悟中华传统文化的魅力，增强民族自豪感。

六、教学方法

教学方法有故事教学法、情境教学法、小组合作教学法、讨论交流教学法。

七、教学过程

环节一　音乐导入，猜传统节日名称

1. 听歌曲，猜节日

播放歌曲串烧：《十五的月亮》《月亮》《月亮船》……想一想，这些歌曲共同赞美了哪一种事物？说到月亮，首先会让你想起中华民族的哪个传统节日？

2. 交流并揭示课题

今天就来学习了解中国的传统节日中秋节。（板书：中秋节）

【设计意图】根据学生年龄特点，用听歌曲猜节日的方式导入，调动学生

的学习兴趣，满足学生的好奇心。

环节二 交流资料，说说中秋节的来历、传说

1. 你对中秋节有哪些了解？

师生交流。

2. 小组内汇总资料

（1）说一说自己课前搜集到了哪些跟中秋节有关的内容，学生交流，教师进行分类：传说故事、历史资料、中秋节习俗、诗词歌赋……

（2）小组交流：把搜集到的资料分享给小组内的同学。

3. 全班汇报交流

（1）交流传说故事。

学生交流《嫦娥奔月》《吴刚折桂》《玉兔捣药》等传说故事。

教师播放动画视频，补充《中秋节的来历》。

（2）学生交流：你搜集到了哪些跟中秋节有关的历史故事？

【教师补充】中秋节由古代祭月演变而来。古代帝王有春天祭日、秋天祭月的习俗。古代历法中每个季节有三个月，分别是孟月、仲月、季月。农历八月是秋季的第二个月，称为“仲秋”，而农历八月十五又正好位于秋季的中间，所以又被称为“中秋”。后来，祭月、赏月、吃月饼、玩花灯、饮桂花酒等民俗在民间流传，经久不息。现在，中秋节已经成为我国主要的传统节日之一，是我国的法定节假日。

【设计意图】通过讲故事、读儿歌，让学生了解中秋节的来历，从而培养学生对传统节日、传统文化的兴趣。

环节三 欢欢喜喜过中秋，了解中秋习俗

1. 了解全国各地的中秋习俗

（1）学生汇报交流：中秋节的风俗习惯。你知道在我国各地人们是怎样过中秋节的吗？

（2）播放视频《中秋》，展示各地中秋习俗，品味多彩团圆中秋。从这段

视频中你看到了哪些中秋节的节日习俗？

【小结】中原地区有烙团圆饼、挂灯笼、放河灯等习俗，沿海地区有舞火龙、饮桂花酒、树中秋等活动。海外华人也会敲锣打鼓、点亮圆圆的灯笼，祈盼团圆安康。（板书：讲传统）

2. 我是这样过中秋的

还记得你们家里的中秋节是怎么过得吗？在哪里过的？跟谁一起过的？

【小结】大家都提到了一个字“家”，一家人坐在一起，聊天、赏月亮、吃月饼，这就是团圆。（板书：重亲情）

【设计意图】展示过中秋节的不同习俗，让学生体会过中秋节团圆的文化内涵，感受团圆的意义。同时也为传统节日注入新的活力，使得传统文化节日更加包容，更加多元。

环节四 讲中秋节团圆故事，感受家国情怀

1. 团圆是美好的祝愿

在中国的传统节日里，除了圆圆的月亮，还有什么是圆的？（灯笼、月饼、家庭团圆……）

【小结】中国人讲究吉祥的寓意，对圆形的物品有着特殊的情感。人们用月亮之圆、月饼之圆预示人之团圆，祈盼幸福、圆满的生活，这也让团圆成为中秋节永恒的话题。（板书：团圆夜）

2. 中秋节　团圆夜

（1）录音讲述课本 15 页中的小故事：读了这个故事，你感受到了什么？

（2）展示机场、火车站、高速公路上繁忙场景的图片，师生交流：很多人，在假期前一个月就开始在网上买火车票、飞机票，天不亮就要收拾东西去车站、机场，花上大半天的时间也要赶回家过中秋。这是为什么？

（3）补充一个节日坚守岗位、不能回家的故事案例。学生交流：你有过像主人公这样在节日里不能与家人团聚的经历吗？

【小结】中秋是团圆的欢乐时刻，而对于无法团聚的人们，彼此之间的牵挂与思念也会让人倍感幸福。

3. 在我们过团圆夜的时候，依然有不少为大家服务的人坚守在岗位上，你知道有哪些吗？（公交司机、警察、医生、服务行业的人……）

【小结】一人付出，万家团圆。在我们阖家团圆的时候，要向坚守岗位的人们说声辛苦了。

【设计意图】引导学生讲述自己过中秋节的故事，表达对团圆的祈盼，理解中秋节团圆的传统内涵，体会“中秋节　团圆夜”的中秋文化味道。

环节五 组织中秋诗会，感受传统文化的精髓

1. 中秋节的诗词佳句知多少

教师组织一场赛诗会，让学生诵读描写月亮、抒发中秋思乡之情的诗词作品。

2. 学着写一写

古人描写月亮、中秋的诗篇中，既有“人有悲欢离合，月有阴晴圆缺”的无可奈何，也有“望月怀远”的思乡之情，现在请同学们学着古人的样子，自己写一写，并在全班进行交流。

【设计意图】使学生在知识上扩大视野，在情感上产生共鸣，在品味中秋节诗情画意的同时感受传统文化魅力，增强文化自信。

环节六 课堂总结

“月到中秋分外明”，今天，传承千年的中秋节不仅有月饼和假期，还有思念和亲情，有团圆和美好，更有对祖国的感恩和祝愿！月儿明，家和睦，国兴盛，中秋节使我们更懂得团圆的意义。

环节七 课外延伸

1. 中秋节期间组织一场“中秋诗会”，把自己学会的、改编的诗词佳句与同学进行交流，分享给自己的父母和朋友。

2. 与家人一起制作月饼，在家庭团聚中承担一定的任务，在中秋之夜与家人一起体会团圆的幸福。

八、板书设计

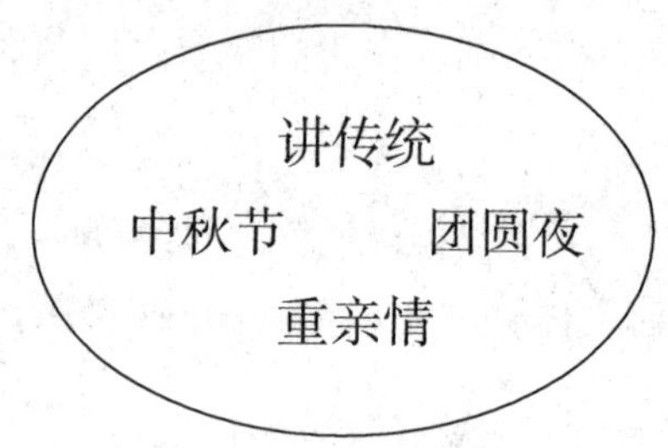

九、课后反思

本课教学从学生已有的生活经验出发，体验并感悟中秋节团圆快乐的气氛，学会用自己的方式关爱家人、珍视亲情，引导学生负责任、有爱心地生活。通过了解传说故事、历史故事，调动学生的学习兴趣，感受祖国优秀传统文化的魅力，激发民族自豪感。

通过课前了解，学生对中秋节的了解更多地停留在全家聚会、吃月饼上。在教师有意识的引导下，学生通过访问父母长辈、查找书籍故事等方法，了解了中秋节更多的来历传说、风俗习惯，并在课堂上与同学们进行交流。汇报过程中，不对学生提过高的要求，简单说明白即可，并及时给予评价鼓励，逐步提高学生的学习兴趣和参与意识。

学生是学习的主体，本课教学从学生的生活需要出发，解决生活中的实际问题，关注学习能力的养成，帮助学生成为乐于探究、热爱生活的人。

第二部分 初中“道德与法治”

九年级上册第三单元《文明与家园》

第五课《守望精神家园》

第一框《延续文化血脉》

□山东师范大学第二附属中学 李方美

一、课标要求

《义务教育道德与法治课程标准》（2022 年版）第三部分“课程目标”中核心素养之“政治认同”第四学段要求“体会中华文化的源远流长与博大精深；理解中华优秀传统文化的核心思想理念、人文精神和传统美德，弘扬民族精神，具有强烈的民族自豪感；学习和理解社会主义先进文化和革命文化，坚定文化自信”。

二、教材分析

本课主要阐述了中国特色社会主义文化是中华文化的血脉延续，中华传统美德是中华文化的精髓。本框第一目分析了中华文化的来源和特征，揭示了中国特色社会主义文化是中华文化的血脉延续。重点落在“从中华文化的价值角度理解坚定文化自信的重要性以及如何坚定文化自信”。第二目侧重从代代传承的中华美德角度阐释中华传统美德的丰富内涵和重要价值，重点落在“中华传统美德是中华文化的精髓，蕴含着丰富的道德资源，是建设富强民主文明和谐美丽的社会主义现代化强国的精神力量”。

三、学情分析

初中学生正处于世界观、人生观、价值观形成的关键时期，打牢中华文化底色，传承中华美德，弘扬民族精神，自觉培育和践行社会主义核心价值观，对学生的健康成长具有重要意义。随着年龄的增长以及学科知识的积累，九年级学生对中华文化有了一定的认知。但是，随着经济全球化与信息技术的发展，历史的和现实的、本土的和外来的、先进的和腐朽的各种各样的文化相互激荡。在这一大环境下，九年级学生受其心理发展水平、认知能力及辨别是非能力的限制，个别同学会质疑甚至漠视中华优秀传统文化的价值，从而忽视对中华优秀传统文化的继承与发展。中华传统美德，蕴含着丰富的道德资源，是建设富强民主文明和谐美丽的社会主义现代化强国的精神力量，要引导学生有意识地了解中华文化的特点及其内在的创造力和包容力，使学生自觉重视中华文化的价值，形成对中华文化的认同，增强对中国特色社会主义文化的价值认同与自信。

四、教学目标

1. 通过对中华文化的探寻和学生的研讨，体会中华文化的源远流长与博大精深，感悟中华优秀传统文化的魅力，明确中华优秀传统文化核心理念的当代价值。

2. 通过学生对研学路线的设计和现代社会如何过传统节日的探究，理解在党和人民伟大斗争中孕育的社会主义先进文化和革命文化积淀着中华民族最深层的精神追求，代表着中华民族独特的精神标识，从而坚定“四个自信”。

3. 通过对中华传统美德的探究与研讨，感悟中华传统美德是中华文化的精髓，已成为一种文化基因。培育学生的道德修养，传承中华民族传统美德，明大德、守公德、严私德，形成健全的道德认知和道德情感，发展良好的道德行为。

五、教学重点难点

1. 教学重点：中华文化根。

2. 教学难点：中华文化根和坚定文化自信的重要性。

六、教学方法

教学方法有主题探究式教学法、体验式教学法、人物故事赏析式教学法、小组合作探究教学法等。

七、教学过程

【活动导入】播放《经典咏流传》中的歌曲，引导学生识别古诗《悯农》。

【教师引领】这是唐代诗人李绅的《悯农》。这样一首诗，道理通俗，情感质朴，朗朗上口，教化千年。这些润物细无声的诗词，早已融入中华传统美德当中，融入我们的民族血脉当中，成为我们终生的民族文化基因。

【设计意图】采取活动导入，能激发学生的体验感和探求新知的欲望。之所以选取《悯农》一诗，一是因为学生们对这首诗耳熟能详，贴合学生的实际，能够有话可说；二是因为《悯农》一诗契合本课两目的教学，可以贯穿使用。

环节一 寻根探源 我骄傲

活动一：走进中华文化

【教师引领】古诗词是老师最喜欢的中华文化元素。请大家说说自己最喜欢的中华文化元素。(是什么，怎样产生的，为什么喜欢?)

【学生活动】略。

【教师展示】略。

【师生总结】浩荡五千年，中华民族用自己的勤劳和智慧创造了我们灿烂的中华文明。我们有独具特色的语言文字、浩如烟海的文化典籍、名扬世界的科技工艺、异彩纷呈的文学艺术等等。

【教师进一步设问】我们的中华文化给你什么样的感受?

【学生回答】源远流长、博大精深。

【教师追问】大家都很喜欢《经典咏流传》这一文化综艺节目。除此之外，大家还喜欢哪些弘扬传统文化的节目？为什么喜欢？

【学生回答】《中国诗词大会》《国家宝藏》《舌尖上的中国》等。

【师生总结】中华文化绚丽多彩，穿越时空焕发现代活力。中华文化虽历经沧桑仍能薪火相传、历久弥新，一个重要的原因就在于它具有应对挑战、与时俱进的创造力和海纳百川、有容乃大的包容力。

【师生诵读】中华优秀传统文化源远流长、博大精深，是中华文明的智慧结晶，其中蕴含的天下为公、民为邦本、为政以德、革故鼎新、任人唯贤、天人合一、自强不息、厚德载物、讲信修睦、亲仁善邻等，是中国人民在长期生产生活中积累的宇宙观、天下观、社会观、道德观的重要体现，同科学社会主义核心价值观主张具有高度契合性。我们必须坚定历史自信、文化自信，坚持古为今用、推陈出新，把马克思主义思想精髓同中华优秀传统文化精华贯通起来、同人民群众日用而不觉的共同价值观念融通起来。

——习近平在中国共产党第二十次全国代表大会上的报告（2022 年 10 月 16 日）

【设计意图】本活动以学生熟知的优秀传统文化的相关图片和喜欢的综艺节目为载体，引导学生认识到全国各族人民用勤劳和智慧创造了中华文化，了解到中华文化具有源远流长、博大精深，薪火相传、历久弥新的特征。诵读党的二十大报告的相关论述，引导学生进一步感悟中华优秀传统文化的魅力，关注国家大事，培养学生对中华文化的自豪感，坚定文化自信。

环节二　文化传承　我自信

活动二：研学路线　我设计

【活动设计】文化渗透在生活中，是一个民族独特的精神标识。为了帮助学生深入了解中华文化，学校决定组织一次“文化之旅”研学活动，向全校同学征集活动方案。请你设计一条路线，使学生沿途能够学习和感受中华优秀传统文化、革命文化和社会主义先进文化。另外，请向同学介绍你设计的研学方案所蕴含的精神内涵和时代价值。

【分享学生路线】略。

【典型分析】印象北京：故宫——中国人民抗日战争纪念馆——航天博物馆。

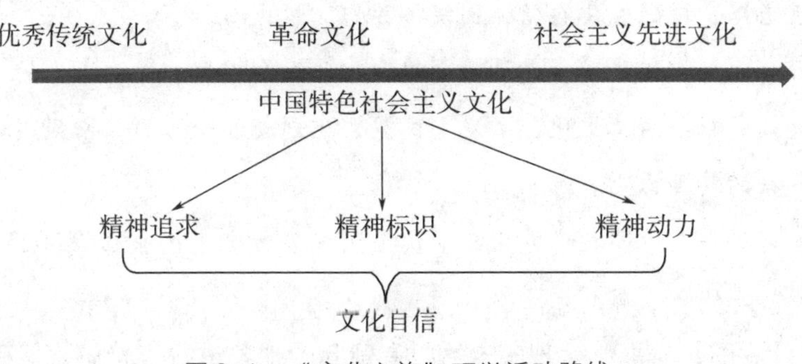

图 2-1 “文化之旅”研学活动路线

【教师引领】我们的文化之旅，贯通中华民族的过去、当下与未来。中国特色社会主义文化，源于中华优秀传统文化，熔铸于革命文化和社会主义先进文化，大家思考一下，这三种文化之间有什么精神联系吗?

【学生回答】略。

【师生总结】这三种文化都流淌、凝聚着劳动人民的智慧和汗水，展现了中华儿女的责任与担当，是我们一脉相承的文化血脉。文化是国家和民族的灵魂。独一无二的中华文化带给我们一份更坚定的自信与自豪。文化兴则国运兴，文化强则民族强，所以我们的文化需要发展与传承。

【设计意图】本活动通过设计研学方案的方式，旨在引导学生认识中华优秀传统文化、革命文化和社会主义先进文化具有丰富的精神内涵和时代价值。中华优秀传统文化、革命文化和社会主义先进文化是一脉相承的，具有内在联系。我们坚定文化自信，就有了更加充分的理由和底气。

活动三：现代社会如何过传统节日?（主题讨论）

【教师引领】在我们的文化当中，传统节日也是重要的文化符号。但是现在，大家可能会有一些感受，觉得传统节日的味道变淡了，缺少一种仪式感。那今天就来探讨一下，怎样过好我们的传统节日。

【师生总结】可以与现代元素相融合，进行创造性的转化。推动优秀传统文化创造性转化、创新性发展，继承革命文化，发展社会主义先进文化，不忘本来，吸收外来，面向未来，不断铸就中华文化新辉煌。

【师生诵读】全面建设社会主义现代化国家，必须坚持中国特色社会主义文化发展道路，增强文化自信，围绕举旗帜、聚民心、育新人、兴文化、展形象建设社会主义文化强国，发展面向现代化、面向世界、面向未来的，民族的科学的大众的社会主义文化，激发全民族文化创新创造活力，增强实现中华民族伟大复兴的精神力量。

——习近平在中国共产党第二十次全国代表大会上的报告（2022 年 10 月 16 日）

【设计意图】选取学生现实生活中有疑问的现象进行答疑解惑。引导学生讨论传统节日的形式在与时俱进，增加了新的色彩，传统节日的文化内核若一直都在，则会继续传承并发展。通过对党的二十大报告的相关论述诵读，让学生深刻认识到中华文化的生命力、创造力，从而坚定文化自信，担负起新时代发展中国特色社会主义文化的历史使命。

环节三　美德感召　我践行

活动四：美德，大家谈

【视频播放】再次播放《悯农》，大家谈感悟。

【学生活动】说说你知道的体现中华传统美德的名言警句或成语，与同学们分享，并谈谈中华传统美德的内涵。这些故事所蕴含的传统美德，对我们今天的生活有什么影响？

【学生活动】略。

【师生总结】中华传统美德内涵丰富，博大精深。中华传统美德是中华文化的精髓，蕴含着丰富的道德资源，熔铸了中华民族坚定的民族志向、高尚的民族品格和伟大的民族理想，是世代相传的民族智慧，是建设富强民主文明和谐美丽的社会主义现代化强国的精神力量。

【设计意图】本活动在于引导学生感受中华传统美德的世代相传。以《悯农》再次串起活动，保持设计所用材料的一贯性。教师不仅要让学生分享自己知道的传统美德，更要让学生学会倾听同学们的分享，讨论这些传统美德对今天生活的影响，让学生感受到中华传统美德的生命力所在，从而坚定文化自信，增强传承中华传统美德的责任意识。

活动五：美德，我践行

【播放视频】《致最美逆行者》。

【教师引领】谈谈观看后的感受，并想想身边有没有这样的一些人物，分享他们的故事，共同感受中华传统美德的力量。

【学生活动】略。

【教师总结】美德的内涵在不同时代有不同的表现。美德已经融入中华民族的思维方式、价值观念、行为方式和风俗习惯，成为一种文化基因。美德的力量在于践行。让我们行动起来，从日常生活做起，从身边小事做起，积极践行美德，让我们的人生更加美好、更加幸福。

【设计意图】以学生熟知的抗疫模范人物故事引领，让学生感悟到中华传统美德的巨大力量。通过学生分享活动，明确美德的力量在于践行，引导学生见贤思齐、身体力行，践行中华传统美德。

【教师寄语】文化是一个国家、一个民族的灵魂。新时代，延续文化血脉需要发展中国特色社会主义文化，实现中华优秀传统文化的创造性转化和创新性发展，传承和践行中华传统美德，守望中华民族共同的精神家园。

八、课外活动

【分享活动】以“说说我家的家风”为主题，做一份手抄报，在班内交流分享。

【设计意图】活动通过调查与学生生活联系密切的家风，感悟美德就在自己身边，并通过分享活动领悟传统美德的丰富内涵。美德是一代代继承并积淀下来的，并随着时代进步而不断发展，深刻影响着我们的生活方式和价值追求，让学生感悟到中华传统美德的生命力所在，从而坚定文化自信，增强传承中华传统美德的责任意识。

九、教学反思

本课的教学任务是帮助学生理解中国特色社会主义文化、中华传统美德等内容，内容繁杂且较为抽象，不容易理解。为了让学生能够理解，必须借助有代表性的实例，如人物、故事等，所以教师需要收集与中华优秀传统文化、革命文化、社会主义先进文化有关的知识和典型材料，需要对社会生活中涌现出的一些先进模范人物有及时全面的了解。要结合习近平新时代中国特色社会主义思想对传承中华优秀传统文化的重要论断以及党的二十大报告相关内容的摘选诵读来丰富和完善教学内容，使之鲜活、真实、丰盈，引导学生不仅关注书本小课堂，更要关注社会、国家大课堂。另外，要在课前充分调查了解学生的情况，以增强教育教学的针对性、实效性。教师还要注意不断挖掘课程资源，创新授课形式，立足核心素养，准备一些有针对性的实例，以图片、影像的形式进行展示，提高学生的学习兴趣，增强课堂教学的趣味性和时效性，丰富学生实践体验，促进知行合一。

第三部分 普通高中“思想政治”

必修4《哲学与文化》第三单元《文化传承与文化创新》

第九课《发展中国特色社会主义文化》

第三框《文化强国与文化自信》

□山东省实验中学 程春娴

一、课标要求

《普通高中思想政治课程标准》(2017 年版，2020 年修订) 第四部分“课程内容”必修课程“模块 4：哲学与文化”内容要求“3.3 辨识各种文化现象，领悟优秀文化作品的影响力和感召力；展示中国特色社会主义文化自信”。

二、教材分析

本框题共有两目内容，第一目《建设文化强国》，通过阅读与思考、相关链接等内容，介绍了文化建设的必然要求，阐明了建设文化强国必须培育和践行社会主义核心价值观，提高人们的道德修养和科学文化修养，推动文化事业和文化产业发展。第二目《坚定文化自信》，通过阅读与思考等内容，介绍了坚定文化自信的重要作用和现实基础，阐明了文化自信是对中华优秀传统文化、革命文化和社会主义先进文化的自信，在当代最根本的是对中国特色社会主义文化的自信，特别是对习近平新时代中国特色社会主义思想的自信。第一目阐明了如何建设文化强国，第二目阐明了为什么以及怎样坚定文化自信。坚定文化自信才能更好地建设文化强国，建设文化强国有助于坚定文化自信。

三、学情分析

从思维特点来看，高中学生能够大体辨别文化现象的好与劣，但不能具体区分各类文化现象，从而无法精准地明确对待的态度。本框涉及的思想道德和科学文化修养，学生在前面学段已有所了解，有一定储备，这里需要体系化。而对文化事业、文化产业等概念接触不够，需要重点讲解。

从情感特点来看，学生通过以往学段的学习，对文化自信有着较高的认同，但对于“为什么要”和“为什么能”的认知还需拓宽视野，打牢理性基础。

四、教学目标

1. 明确建设文化强国要弘扬主旋律，传播正能量；要培育和践行社会主义核心价值观；要提高人们的道德修养和科学文化修养；要推动文化事业和文化产业发展。

2. 懂得建设文化强国要大力发展先进文化，支持健康有益文化，努力改造或剔除落后文化，坚决抵制、依法取缔腐朽文化。要建立健全把社会效益放在首位、社会效益和经济效益相统一的文化创作生产体制机制。

3. 理解文化自信是一个国家、一个民族发展中更基本、更深沉、更持久的力量，明确没有高度的文化自信，没有文化的繁荣兴盛，就没有中华民族的伟大复兴。理解我国社会主义经济、民主政治等取得的巨大成就，国际地位不断提升，是我们坚定文化自信的基础。

4. 明确当代中国的文化自信，最根本的是对中国特色社会主义文化的自信，特别是对习近平新时代中国特色社会主义思想的自信。

五、教学重点难点

1. 教学重点：理解坚持用社会主义核心价值观凝心聚力。

2. 教学难点：讲好中国故事，理解文化自信是更基本、更深沉、更持久的力量。

六、教学方法

教学方法有议题式教学法、辨析式教学法、探究式教学法等。

七、教学过程

【导入新课】古文中的道理。

《管子》中说："国有四维。一维绝则倾，二维绝则危，三维绝则覆，四维绝则灭。倾可正也，危可安也，覆可起也，灭不可复错也。何谓四维？一曰礼，二曰义，三曰廉，四曰耻。"礼义廉耻，是国之四维，成为关乎国家生死存亡的重要纬度。所以我们要坚定文化自信，建设文化强国。

【总议题】如何坚定文化自信，建设文化强国？

环节一 【学历史　明道理】历史里的思索

分议题1：为什么要坚定文化自信，建设文化强国？

【议题情境】资料一：法国阿尔萨斯地区被德国普鲁士军队占领以后，侵略者强迫当地学校改教德语，不允许教法语。（都德《最后一课》的写作背景）

资料二：中国是一个多民族混合的国家，历史上各民族之间斗争频仍，不乏少数民族占领中原夺得政权，但是不管是哪一个民族，一旦进入中原，都少不了被中华文化所同化，文化逐渐趋于一体，所以中华文明成为唯一从未中断的古文明。如果没有很强的实力摧毁中国文化，那么要想战胜中国是不可能的，中华文明就是这么的强大。

【议学思考】两组资料告诉我们什么道理？

【设计意图】通过对历史资料的思考，重温前面所学文化的功能，对比中发现文化对一个国家的重要作用，进而从感性到理性地认识到文化的重要性，认识到坚定文化自信、建设文化强国对一个国家存亡的重要性。

【议学提示】文化自信是一个国家、一个民族发展中更基本、更深沉、更持久的力量，坚定文化自信，事关国运兴衰，事关文化安全，事关民族精神独立性。没有高度的文化自信，没有文化的繁荣兴盛，没有文化强国的发展目标，就没有中华民族伟大复兴。

法国的战败是导致“最后一课”的政治因素，而历史上中原地区始终是中国的政治、经济、文化中心，因而中原文化一直领先于周边文化，使得中华文化从未被磨灭。从“罢黜百家，独尊儒术”开始，到儒释道三大家思想相互融合的结束，中华文化的骨架一直都存在，而这个文化骨架一直深深影响着中华文化，所以文化自信离不开经济的发展和政治制度的完善。现在我们坚持中国特色社会主义道路、理论和制度，社会主义民主政治不断发展，经济社会发生了翻天覆地的变化，经济总量跃居世界第二，综合国力显著增强，人民生活水平不断提高，社会活力不断迸发，国际地位不断提升，社会主义中国以前所未有的雄姿屹立在世界东方。中国特色社会主义伟大实践取得的巨大成就，增强了我们文化自信的底气。

所以坚定文化自信，建设文化强国，有其必要性、重要性，也具备现实可能性、必然性。

【展示名言】国家之魂，文以化之，文以铸之。——习近平

环节二 【察今日　辨是非】现实中的选择

分议题 2：面对各种文化相互交织和激荡的现状，我们该如何进行文化选择？

【议题情境】展示图片：党史教育宣传画、社会主义核心价值观宣传画、养生餐图、古代琴棋书画图、街头算命图、大办红白喜事图、外来殖民文化图、网络黄赌毒现象图、东京奥运会会徽图、垃圾分类图等。

【议学思考】请把图片进行分类，并说明分类理由。我们应如何对待这些文化？请你为社区文化墙宣传画陈列提供设计方案，以弘扬主旋律，传播正能量。

【设计意图】通过图片展示，让学生感受现实中我们所面对的文化交织和激荡的现状。通过分类并说明理由，培养学生对比分析的能力。通过进一步引导学生对不同文化的态度，培养其明辨是非、正确选择的意识。出谋划策环节

则是通过小型项目驱动推进学生对弘扬主旋律、传播正能量的认识。

【议学提示】使用多种分类法，倡导鼓励学生创新创造，比如，传统的和现代的、外来的和本土的，可按照时、空来区别。再如，先进的和落后的、健康的和腐朽的、积极的和颓废的，可按照文化性质的不同来分类。教师引导学生认识到文化现象的复杂，并将多种分类法加以关联，得出：先进文化——党史教育宣传画、社会主义核心价值观宣传画，健康有益文化——养生餐图、古代琴棋书画图、奥运会会徽图、垃圾分类图，落后文化——街头算命图、大办红白喜事图，腐朽文化——外来殖民文化图、网络黄赌毒现象图等。

让学生讨论思考后上讲台进行连线，试着区分这四种文化，并尝试找准对待四种文化的态度，对号连线。教师在此基础上引导，面对这些不同的文化，应正确选择。先进文化更加强调方向的引领性，是优秀文化中最能发挥凝魂聚力作用的，要大力发扬；健康有益文化虽然不一定有方向的引领性，但是科学的、能够满足人民合理需要的有益文化，要支持；落后文化是带有迷信、愚昧、颓废、庸俗色彩的文化，有消极影响，要努力改造或剔除；腐朽文化则是封建或资本主义的腐朽思想、殖民文化、黄赌毒文化等，污染人民内心、瓦解民族精神，性质十分恶劣，所以要坚决抵制、依法取缔。以上就是我们加强文化建设的必然要求。

社区文化墙陈列设计可以引导学生自觉践行社会主义核心价值观、提高道德修养和科学文化修养。结合学生所答进行总结，社会主义先进文化的精髓是社会主义核心价值观，要弘扬主旋律就要用社会主义核心价值观凝魂聚力，发挥社会主义核心价值观对国民教育、精神文明创建、精神文化产品创作生产传播的引领作用，为中国特色社会主义事业提供源源不断的精神动力和道德滋养。党的二十大报告指出，要广泛践行社会主义核心价值观，弘扬以伟大建党精神为源头的中国共产党人精神谱系，深入开展社会主义核心价值观宣传教育，深化爱国主义、集体主义、社会主义教育，着力培养担当民族复兴大任的时代新人。

此外，人民有信仰，国家有力量，民族有希望。要通过文化墙广泛开展理想信念教育，引导学生树立正确的历史观、民族观、国家观、文化观。提高全社会文明程度，实施公民道德建设工程，弘扬中华传统美德，加强家庭家教家风建设，推动明大德、守公德、严私德，提高人民道德水准和文明素养，在全社会弘扬劳动精神、奋斗精神、奉献精神、创造精神、勤俭节约精神。要加强社会公德、职业道德、家庭美德、个人品德教育，大力弘扬中华传统美德，激励人们向上向善、孝老爱亲、忠于祖国、忠于人民。要弘扬科学精神，普及科学知识，弘扬时代新风。

城乡文化墙建设就是诸多推动文化事业和文化产业发展的措施之一。要繁荣发展文化事业和文化产业，坚持以人民为中心的创作导向，推出更多增强人民精神力量的优秀作品，健全现代公共文化服务体系，实施重大文化产业项目带动战略。具备盈利性质的往往是文化产业，如影视、出版等行业，文化事业更侧重文化公共服务、研究创作精神作品，如百姓舞台、农家书屋等等。引导学生思考文化产业和其他产业在目标上的不同，从而明确文化领域不能以经济效益为先，搞好各种各样的文化事业和文化产业都要把社会效益放在首位，实现社会效益和经济效益的统一。只有健全文化创作生产体制机制，才能繁荣发展社会主义文艺，大力发展文化事业，提高公共文化服务水平；才能加快发展现代文化产业，提升文化产品的质量，真正发挥文化的教化功能。此处可展示“五个一”工程奖获奖作品，感受其以“以科学的理论武装人、以正确的舆论引导人、以高尚的精神塑造人、以优秀的作品鼓舞人”的宗旨所在。如结合党史教育展示《觉醒年代》《建党大业》等影片。

环节三 【话未来 提自信】故事里的中国

分议题3：如何讲好中国故事，以昂扬自信的姿态展示中华文化独特的魅力？

【议题情境】播放视频，截取最精彩的片段，总时长不超过3分钟。

视频一，李子柒的田园生活片段。视频二，大雄团队做实事片段。视频三，河南抗击雨灾的平凡英雄片段。视频四，百年党史的缩影片段。

【议学活动】短视频以其受众广泛而成为极其重要的文化传播阵地，以上四段短视频是成功的案例，从中我们感受到了文化自信的力量。请你在这些案例的启发下设计自己的视频号，请为视频号设计大主题、几期标题和呈现形式等。

【设计意图】通过活动项目的推进，让学生全面思考坚定文化自信和建设文化强国的内容抓手，并以学生喜闻乐见的方式融会贯通于短视频设计中，设计过程就是学生整理本节课知识体系的过程。此设计意在将两个目的知识进行关联，提升学生知识迁移和变式的能力。

【议学提示】此活动是开放式的，可以让学生充分展示自己的创意，提高课堂的参与度和生成性，分组讨论时间和展示时间一定要充足，要及时捕捉学生视频号主题锁定的文化切入点，可以从内容和形式以及可行性上进行全方位的积极评价，鼓励创新。

从同学们的短视频设计中，我们看到了以社会主义核心价值观的内涵为切入点的生活片段，看到了中华传统美德为主题的系列短剧，看到了用科技点亮生活为主题的科普视频号，看到了宣传中华优秀传统文化的系列号，看到了专门推介中国好作品的视频号，看到了讲中国革命历史战役的文史号，看到了国家不断战胜各种磨难的精神号，看到了祖国成就系列展示的视频号，看到了“平”语近人专门视频号……同学们的奇思妙想充满了文化自信的底色，同学们的无限创意显示了付诸实施的可能。

同学们选择的文化切口无一不是我们今天所倡导的先进文化、健康有益的文化，无一不在体现着社会主义核心价值观，无一不在致力于提升人的道德修养和科学文化修养，这正是我们建设文化强国所必需的基本选择。同学们的精彩创意和踊跃发言也彰显出发自内心的文化自信，这种自信不仅仅是对中国历史发展某一阶段优秀文化的自信，也是对全部中华优秀传统文化的自信。我们要坚定对中华优秀传统文化、革命文化和社会主义先进文化的自信。要突出社会主义核心价值观的内容，要用道德修养和科学文化修养武装文化建设的主体，要发展好文化产业和文化事业这两大载体。当代中国的文化自信，最根本的是对中国特色社会主义文化的自信，特别是对习近平新时代中国特色社会主义思想的自信。

【课堂提升】展示党的二十大报告相关内容：

必须坚持中国特色社会主义文化发展道路，增强文化自信，围绕举旗帜、聚民心、育新人、兴文化、展形象建设社会主义文化强国，发展面向现代化、面向世界、面向未来的，民族的科学的大众的社会主义文化，激发全民族文化创新创造活力，增强实现中华民族伟大复兴的精神力量。

文化是民族的血脉和灵魂。文化兴国运兴，文化强民族强。在当代中国，铸牢中华民族共同体意识，需要高度的文化自信，没有文化的繁荣兴盛，就没有中华民族的伟大复兴。坚定文化自信、建设文化强国，是每一个中国人的责任和担当，而这些需要我们从身边做起，从自身做起，从念好书长本领，到做好事扬美德，再到讲好故事为祖国添彩，我们每个人都是主角，都义不容辞！

【课堂小结】首先抓住两个一级核心词——文化强国、文化自信，二者的关系是相互促进的。再分别明确三层二级知识点——文化强国和文化自信。

注意：两组内容可以进行联动。在课堂呈现时，按照中学生的认知规律重构了逻辑，在小结部分可以回归知识逻辑，有助于所学知识的体系化。

八、课外活动

调查走访学校和社区文化建设，记录文化建设主题，结合本节课所学内容向相关人员提出意见建议。参与学校视频号素材提供，为文创产品建言献策。

九、教学反思

本设计采用议题式教学法，用三个分议题分述了总议题。加入活动型课堂元素，用设计文化墙、视频号等项目推进教学内容的融会贯通。本课内容比较多，每一个概念、知识点都靠教师讲是无法完成的，也是无法入耳入心的，只有通过学生的议和动，辅之以教师的引导和讲解，才能够更好地实现教学目标。在设计中，暗埋了一条从历史到现实到未来的时间线，引导学生学习“四史”，从而培养学生辨别思维的能力和建设文化强国的主角意识。活动的设计贴近学生，让学生感受到在文化强国建设中我也能参与其中。

在实际讲课过程中，相对于一个课时来说本框题的内容偏多，学生活动开展得不够充分，可以考虑对一些概念和细节的处理有所取舍，尝试采用基本简单概念前置，采取课前给基本概念自行理解，难点和重点课上处理、深度参与的方式，节省宝贵的课上时间，以免详略不当、喧宾夺主，出现教师讲授过多冲击学生活动等情况。

第四部分 大学“中国近现代史纲要”

第十章《中国特色社会主义进入新时代》

第一节《开拓中国特色社会主义更为广阔的发展前景》

□山东师范大学 徐保安

一、教材分析

本讲分为三部分：第一部分是“为什么要坚定文化自信”，强调坚定文化自信的重要性和必要性；第二部分是“文化自信的基本内涵”，重点阐释习近平有关文化自信相关重要论述的丰富内涵与基本内容；第三部分是“如何坚定文化自信”，通过阐明新时代坚定文化自信的基本原则，引导大学生从自身经历思考坚定文化自信的基本方向与具体做法。

二、学情分析

从知识背景来看，大学生对这部分内容的基础知识掌握比较扎实，对文化现象和文化自信问题有一定的了解和认知。

从思维特点来看，大学生思维活跃且多元，但也存在知识掌握、思维能力参差不齐的情况，尤其偏文科专业同学与偏理科专业同学对人文知识的认知会有差异。

从情感特点来看，大学生在新时代十年实现的伟大成就和历史性变革的基础上，已在直观情感体验上产生了较强的文化自信和文化认同，但对于文化自信的科学内涵及深远意义还缺乏必要的理性把握。

三、教学目标

1. 知识目标：通过梳理并讨论“文化”“文化自信”的概念及作用，讲清楚我们为什么要坚定文化自信。

2. 能力目标：通过分析中华优秀传统文化、革命文化与社会主义先进文化的基本内容，提高学生理解并坚定文化自信的能力。

3. 情感、态度、价值观目标：通过引导同学们查阅资料、课下探究、课上讨论，进一步坚定文化自信，提高坚持文化自信的理论自觉和行动自觉。

四、教学重点难点

1. 教学重点：文化自信的基本内涵，如何树立文化自信。

2. 教学难点：为什么要坚定文化自信，“四个自信”的相互关系。

五、教学方法

教学方法有辨析式教学法、互动式教学法、讨论式教学法、讲授法。

六、教学过程

【导入】1901 年，一个叫丁龙的美国华工捐出自己的终生积蓄 1.2 万美元，在美国著名律师卡朋蒂埃（丁龙是卡朋蒂埃的管家、合伙人、朋友）的帮助下，资助哥伦比亚大学创建了“丁龙讲座”，以研究中国文化、东方文明为主。

当时中国的国际地位很低。丁龙之所以在美国捐资设学，是因为他相信，西方对中国文化了解得越多，就会越尊重中国。这是真正的文化自信的体现。

1. 为什么要坚定文化自信?

本部分内容从讨论“文化”概念导入，分析坚定文化自信的基本原因和价值意义。

（1）文化

在讲课之前，让同学们自行查阅资料，总结“文化”概念，并在课堂分享讨论。

【讨论交流】“文化”的定义不下百种，组织大家讨论和思考这一问题有两个目的。第一，引导大学生养成学习、读书时从“不疑”处“起疑”的习惯，形成从习焉不察的概念与日常经验中寻找“未知”、发现问题的习惯与能力。第二，为更好地理解“文化自信”概念的内涵作准备。

文化有广义与狭义之分。广义的“文化”可以界定为“人化”，一切与人有关系的物质产品与精神产品都属于文化。狭义的“文化”即观念形态的文化，以毛泽东的定义为最佳。毛泽东在《新民主主义论》中指出：“一定的文化（当作观念形态的文化）是一定社会的政治和经济的反映。”

（2）“文化自信”的提出

本部分主要讲述习近平“文化自信”理念的提出过程。文化自信是党的十八大以来习近平总书记对文化问题思考的重要成果。此前虽有“文化自信”的说法，但并未进行比较深刻的理论阐述。党的十八大以来，文化自信被习近平总书记不断强调，并逐渐引起学术界重视。2014 年 2 月 24 日，在中央政治局第十三次集体学习时，习近平明确提出要“增强文化自信和价值观自信”。同年 3 月 7 日，全国两会期间，习近平指出：“我们要坚定理论自信、道路自信、制度自信，最根本的还有一个文化自信。”10 月 15 日，习近平在文艺工作座谈会上强调：“增强文化自觉和文化自信，是坚定道路自信、理论自信、制度自信的题中应有之义。”12 月 20 日，在和澳门大学学生座谈时习近平再次强调“文化自信”是基础。

2015 年 11 月 3 日，习近平指出中国坚定的道路自信、理论自信、制度自信，“其本质是建立在 5000 多年文明传承基础上的文化自信”。2016 年 5 月 17 日，习近平在哲学社会科学工作座谈会上强调：“文化自信是更基本、更深沉、更持久的力量。”2016 年 6 月 28 日，在中央政治局第 33 次集体学习时，习近平明确将“四个自信”并列使用，指出党要“坚定中国特色社会主义道路自信、理论自信、制度自信、文化自信”。同年“七一”讲话中习近平重申“四个自信”。至此，“文化自信”成为“四个自信”理论的重要组成部分。2021 年，中国共产党成立 100 周年，习近平在纪念讲话中再次强调了坚定

“四个自信”的重要意义。同时，讲话还以“创造了人类文明新形态”的说法再一次彰显了中国共产党、中华民族的“文化自信”。

（3）为何要坚定文化自信？

三个维度：

一是历史维度：近代以来丧失文化自信造成了严重后果，崇洋媚外情绪经久不散，至今未已。

前近代中国，传统文化独具特色、光辉灿烂；近代以来，东西方文化反复较量，中国一再失利，以至于西方意味着进步、西方代表着文明的意识在中国广泛出现，至今未能完全消除。

二是现实维度：抵制各种错误思潮的影响，捍卫国家文化安全。

坚定文化自信，能够抵御异质文化霸权，抗击外来文化冲击。在整体上仍处于“西强我弱”的文化态势下，加强文化自信，可以有效地应对文化殖民主义与文化霸权主义的侵袭，降低西方资本主义腐朽文化的影响力。

与此同时，强调新时代下的文化自信，也能够抵御对待传统文化过左或过右态度的负面影响，抵制文化复古主义以及历史虚无主义。

三是未来维度：没有文化自信，就不会有中华民族的伟大复兴。

文化力量是民族复兴更深沉、更根本的力量，文化复兴是民族复兴的应有之义，且是最实质、最核心的部分。中国梦的实现离不开文化的繁荣复兴。

2. 文化自信的基本内涵

本部分重点解决的问题是：值得我们自信的“文化”是由哪些内容构成的？

讲课时采取问题讨论式、辨析式授课法。首先提出问题进行讨论：

（1）我们讲的文化自信是否就是对5000多年传统文化的完全自信？对传统文化的基本态度应是什么？

（2）我们讲文化自信，是否意味着不需要与外来文明继续碰撞与交流，关门搞建设？

（3）如何在建设时期理解革命文化？

（4）社会主义先进文化是什么？

讨论后提出课堂结论，供同学们继续思考。

文化自信强调的是对中国特色社会主义文化的自信。其内涵包括三个重要方面，即习近平总书记在中国共产党成立 95 周年纪念讲话中指出的："在 5000 多年文明发展中孕育的中华优秀传统文化，在党和人民伟大斗争中孕育的革命文化和社会主义先进文化，积淀着中华民族最深层的精神追求，代表着中华民族独特的精神标识。"在中国共产党成立 100 周年大会讲话中，习近平又提出了创造"人类文明新形态"的说法。这一人类文明新形态来自中华民族拥有的"5000 多年历史演进中形成的灿烂文明"，中国共产党拥有的"百年奋斗实践和 70 多年执政兴国经验"，以及对"人类文明的一切有益成果"的积极学习借鉴。这说明我们自信的"文化"不是封闭的，而是开放的，"我们绝不接受'教师爷'般颐指气使的说教"，但"我们积极学习借鉴人类文明的一切有益成果，欢迎一切有益的建议和善意的批评"。党的二十大报告指出，我们要"增强文化自信，围绕举旗帜、聚民心、育新人、兴文化、展形象建设社会主义文化强国，发展面向现代化、面向世界、面向未来的，民族的科学的大众的社会主义文化，激发全民族文化创新创造活力，增强实现中华民族伟大复兴的精神力量"。

值得我们自信的文化应由如下四个部分构成。（1）中华优秀传统文化，突出强调"优秀"二字。（2）革命文化，突出强调党的历史上所形成的一系列"精神"文化。（3）社会主义先进文化，突出人民性。（4）外来的一切有益的文明成果，突出开放性与主体性，不能封闭保守，更不能唯西方马首是瞻。

由上可知，关于"文化自信"的内涵，一般我们采用云杉的定义，是指"一个国家、一个民族、一个政党对自身文化价值的充分肯定，对自身文化生命力的坚定信念"。[云杉：《文化自觉　文化自信　文化自强——对繁荣发展中国特色社会主义文化的思考》（中），《红旗文稿》2010 年第 16 期]

3. 如何坚定文化自信

这一部分可以设计为开放式讲题，让同学们查阅资料并认真思考，作为新时代年轻人应该如何做到"文化自信"。自信不是自傲与自负，"自信"本身就包含着对自身优势与缺点的客观审视。在向大学生强调“文化自信”理念的时候，必须贯彻马克思主义辩证法原则，抵制历史虚无主义，绝不可有不假思索、毫无来由的虚矫与傲气。

以下做法或可提供给同学们作为参考。第一，正确理解“四个自信”的关系，道路自信是方向，理论自信是核心，制度自信是保障，文化自信是基础。第二，处理好文化发展中“古今中外”的关系，取其精华、弃其糟粕。第三，自觉继承、弘扬并践行党的奋斗历程中所形成的各种精神文化。第四，自觉“预流”社会先进文化建设大潮，为建设文化强国贡献自己的力量。

文化自信的根源在于文化的生命力强大，文化在处理人与自然、人与人、人与社会之间的关系上有着较强的、令人信服的解释力与影响力。近代中国之所以出现文化自信丧失的情况，就是因为文化无法解释当时中国所面临的状况，无法给出清晰的精神指引与智力支撑。中国人不得不把眼光转向西方，以寻求救国道路，在这个过程中，中国文化的地位自然日渐式微。在东西方文化不断交流互鉴的过程中，中国文化得以涅槃重生，在保留下来的优秀传统文化的根基上，在马克思主义的指导下，经由革命文化的浸润，社会主义先进文化的陶染，发展为中国特色社会主义文化。

这一文化的发展进步没有完成时，只有进行时，新时代年轻人只有积极投身于文化强国建设的洪流中，我们的文化自信才能越来越坚定不移。

七、课外活动

通过参与社会实践调查的方式，引导同学们发现身边的优秀传统文化遗存与红色革命文化载体，完成田野调查报告，使同学们对中华传统优秀文化与红色革命文化有更形象、更生动的认识。

八、教学反思

本讲授课中主要采取辨析式教学法、互动式教学法、讨论式教学法、讲授法等教学方法，先要求同学们对“文化”“文化自信”的基本概念、内涵，及我们应如何做等问题进行课前预习、课堂讨论，最后引导大家得出较一致的结论。这种做法可以在一定程度上扭转灌输式课堂教学的弊端，发挥学生的主体积极性。但在具体实践中，存在同学课后投入不足、收集资料雷同以至于无法讨论，也会出现不同观点而争执不下拖长课堂教学时间的情况，需要进一步修改完善。

主题三

深化改革开放　弘扬时代精神

第一部分 小学“道德与法治”

五年级下册第三单元《百年追梦 复兴中华》

第十二课《富起来到强起来》

第一课时《改革创新谋发展》

□山东师范大学附属小学 吕志瑾

一、课标要求

《义务教育道德与法治课程标准》（2022 年版）第四部分“课程内容”第三学段学习主题“国情教育”内容要求“了解改革开放以来我国所取得的伟大成就，明确中国特色社会主义道路是指引中国发展繁荣的正确道路，理解只有走中国特色社会主义道路才能够实现中华民族伟大复兴”。

二、教材分析

《改革创新谋发展》是《道德与法治》（部编版）五年级下册第三单元第十二课《富起来到强起来》第一课时的内容。重点了解改革开放的历史进程，以及改革开放后我国在物质文明、精神文明领域取得的成就，知道中国特色社会主义进入了新时代；同时，通过了解改革开放取得的成就和生活中的巨大变化，感受中华民族迎来了富起来到强起来的伟大飞跃，增强对祖国的认同感和民族自豪感。

三、学情分析

本课学习内容时间跨度长、涵盖面广，生活在新时代的学生对于本课的学习有一定的难度。除了学生在日常生活中感受到的变化，其他内容离学生较远。教学时，可以组织学生开展调查活动，通过采访、图片收集等多种形式拉近学生与课堂内容之间的距离，引导学生从活动中多看、多听、多问，丰富其认知。

四、教学目标

1. 通过了解改革开放史，以及改革开放以来祖国取得的伟大成就，认识到改革创新助力中国富起来、强起来。

2. 通过对中国共产党党史的初步了解，以及中国共产党在新中国的建设中所起的巨大作用，教育学生热爱中国共产党，从小树立远大理想，并为之奋斗。

3. 通过了解我国科技方面的重大成就，认识科教兴国和改革创新的重要作用。

4. 学习本课，使学生坚定跟党走的信念，树立报效祖国的远大理想，提高家国责任意识。

五、教学重点难点

1. 教学重点：了解改革开放史，以及改革开放以来祖国取得的伟大成就，认识到改革创新助力中国富起来、强起来。

2. 教学难点：了解我国科技方面的重大成就，认识科教兴国和改革创新的重要作用。

六、教学方法

教学方法有调查法、讨论法等。

七、教学过程

环节一 “祖孙三代比童年”小调查

1. “祖孙三代比童年”调查

通过考察、采访等方式，调查祖辈、父辈以及自己三代人在衣食住行用等方面的情况。

2. 讨论交流

交流调查内容，说一说祖孙三代人在衣食住行用等方面的变化和自己的感受。

【设计意图】通过调查体验活动，认识到从过去到现在，我们的生活发生了巨大变化，我们每个人都是改革开放的受益者。

环节二 了解改革开放的历史与发展

1. 明白什么是改革开放

1978 年 12 月党的十一届三中全会提出了实行对内改革、对外开放的政策，即改革开放。

2. 初步了解对内改革的背景与发展

（1）展示资料，了解对内改革的历史背景

安徽省凤阳县的小岗村，是中国农村改革的发源地。1978 年以前，小岗村只有 20 户人家，平均每人一年的口粮只有 40 斤。一个壮劳力一个月赚不到 3 块钱。1978 年 11 月 24 日，小岗村实行包产到户政策，村民的生产积极性空前提高。到现在，40 多年过去了，如今的小岗村已有 4000 多人，耕种面积有 1.45 万亩。他们的年人均可支配收入更是达到了上万元。

（2）讨论交流

通过刚才的资料，你对对内改革有了哪些进一步的认识？是什么使得小岗村发生了这么大的变化？

（3）展示对内改革的现代成果

小岗村是我国农村改革开放的一个缩影。农村改革还有很多变化，你了解哪些？

（4）教师小结

结合国家脱贫攻坚战进行总结提升。

【设计意图】通过采访录音和数据等资料，感受小岗村在对内改革——家庭联产承包责任制的推行之下，从靠要饭过日子到年人均收入上万元等变化。同时，结合自己的生活，感受对内改革给我国现代工农业发展以及城市与乡村建设带来的巨大变化。

3. 初步了解对外开放

（1）了解对外开放的历史背景

结合自己查阅的资料，说说对对外开放的了解。

（2）小组合作探究深圳改革开放前后的变化

给小组分发改革开放前后深圳不同地区变化的图片，小组成员合作探究，对深圳的过去与现在的图片进行一一对应。

（3）根据学生活动情况讨论对外开放对社会主义现代化建设的贡献

【讨论】为什么深圳有了这样的变化？

（4）教师小结

正是改革开放政策的扶持，使得深圳从一个落后的边陲小渔村发展成为现在高楼林立的现代大都市，深圳向世界展示了中国改革开放的磅礴伟力！

【设计意图】通过小组活动引导学生感受对外开放取得的巨大成就。同时，让学生理解“深圳精神”及其作用，体会精神力量也是国家发展、社会进步的一种内驱动力。

环节三 明确创新发展的意义

改革开放带来了这么多的变化，也极大地促进了国家的创新发展。

活动一：展示我们的创新成就

1. 小剧表演，展现我国在交通方面的创新发展。

2. 小组之间交流我国在科技、文化、生活等不同领域的创新发展成就。

活动二：设计“中国名片”

1. 设计“中国名片”

如果让你结合查阅的资料，设计一张“中国名片”，你会选择什么作为我们的中国新形象？请结合资料进行设计，设计完毕后，小组讨论一下你的设计。

2. 交流汇报设计

3. 教师小结

【设计意图】让学生感受到中国科技的飞速崛起，认识到科教兴国和改革创新的重要作用。

环节四 拓展与提升

1. 总结提升

以党的二十大报告中的讲话进行总结提升，激励学生从小树立远大理想，并为之奋斗。

2. 课后活动

课后请同学们进一步开展对改革创新的探究活动，交流自己的调查所得，更深刻地感受改革创新给我们的生活带来的变化。

八、板书设计

改革创新谋发展

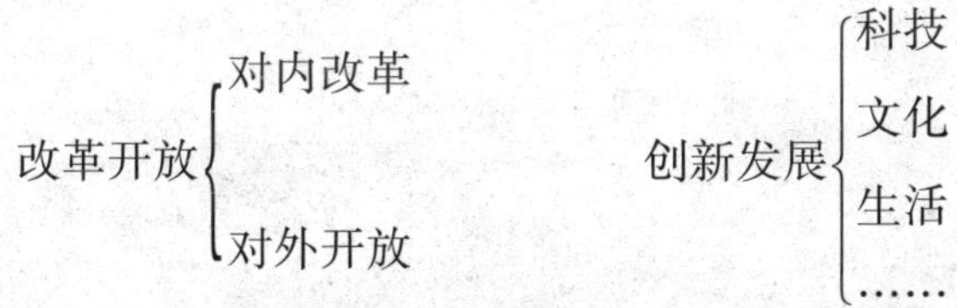

九、课后反思

本课学习内容时间跨度长、涵盖面广，生活在新时代的学生对于本课内容的学习有一定的难度。所以在教学设计时，注重历史与实际生活的结合，帮助学生理解我国改革开放的历史和现在的创新发展。

1. 引导学生从实际出发感受生活的变化

以学生熟知的实际为突破口，让学生通过与自己家人的交流、对比，切实感受到改革开放使人们的生活发生了翻天覆地的变化。在此感受的基础上，引出课题，自然衔接。

2. 注重资料的整合，提高学生的自主合作探究意识

新课程改革倡导自主学习、合作学习、探究性学习。本课通过课前的调查

探究，让学生自主学习，拉近了学生与教材内容之间的距离，引导学生在活动中多看、多听、多问，丰富其认识。课堂上，通过图片、数据对比以及小剧展示和资料整合，让学生通过交流进行思维碰撞，在讨论中发现自我、展示自我，从而调动学生的积极性，发挥他们的创新能力，提高课堂效率。同时，通过与学生的交流，也让自己对课堂内容有了更进一步的认识，收获颇丰。

3. 实施过程层层递进，深化内容理解

本课的重点难点是了解改革开放的历史进程，以及我国在物质文明、精神文明领域取得的成就。同时，通过了解改革开放取得的成就和生活中的巨大变化，尤其是科技创新，感受中华民族迎来了富起来到强起来的伟大飞跃，增强对祖国的认同感和民族自豪感。

在教学实施中，将历史时间点和历史事件的关系、影响贯穿始终，有一定深度。部分学生在掌握时存在一定难度，理解不够透彻。在今后教学中，要更加注意教学深度的把握。

第二部分 初中“道德与法治”

九年级上册第五课《踏上强国之路》

第一框《坚持改革开放》

□山东师范大学第二附属中学 马勇

一、课标要求

《义务教育道德与法治课程标准》(2022年版)第三部分“课程目标”中核心素养之“政治认同”第四学段要求“了解中国共产党带领中国人民进行革命、建设、改革的历史性成就,认识中国共产党在国家独立、人民解放、国家富强、民族复兴进程中的领导作用”。

二、教材分析

本课围绕“富强”展开学习,“富强”为社会主义核心价值观国家层面首位、基础,而改革开放是强国富民之路。因此,了解改革开放的进程、意义十分重要。

本框主要帮助学生通过了解改革开放的历史背景、伟大进程以及所取得的成就,体会改革开放对我国及世界发展的重要意义。同时,这些举世瞩目的成就充分证明了改革开放是决定中国命运的关键抉择,是强国富民之路,帮助学生树立民族自豪感和自信心。

三、学情分析

九年级学生的认知能力和思维能力较之前有所提高，有一定的认知和生活体验，加之获得信息的渠道、方式越来越多元，他们对改革开放给家庭、社会与国家带来的变化有所了解，有一定的民族自豪感和自信心。

但他们在看到改革开放给我们的生活带来巨大变化的同时，也深切地感受到生活中还存在一些亟待解决的问题，由于社会阅历较浅，受思维局限性影响，部分学生有理解偏颇的现象，应引导学生全面、客观、辩证地分析问题，对改革开放的影响及重要意义有更加全面深刻的认识。

四、教学目标

1. 知识目标：结合我国腾飞的表现，理解改革开放的伟大意义。

2. 能力目标：运用所学知识对经济现象作出正确的分析，提高搜集资料、解读资料和解决现实问题的能力。

3. 情感、态度、价值观目标：充分认识改革开放就是强国之路，自觉做改革开放的拥护者和支持者。

五、教学重点难点

1. 教学重点：改革开放的意义。

2. 教学难点：改革开放的必要性。

六、教学方法

教学方法有活动教学法、讨论教学法、自主参与学习法、合作探究学习法。

七、教学过程

环节一　导入新课

【教师提问】如果去参加游学夏令营，你会在自己的行李包中准备哪些东西呢？

【学生回答】学生自由发挥想象。

【多媒体展示】一位学生家长向大家展示过去旅行行李的视频，包括行李包、生活用品、车票、现金、地图等。

【教师提问】为什么我们两代人的行李会发生如此之大的变化？

【学生回答】学生结合不同的时代背景开始阐述。

【教师导入新课】在过去的几十年，我们的国家发生了翻天覆地的变化，究竟是什么道路让我们的国家走向了国富民强？这就是我们今天要学习的内容。

【设计意图】从一个家庭的出行“行李”这个点出发，进行间隔几十年的前后对比，能从多个角度感受祖国的发展变化。同时，学生家长的参与可以让学生在对比发现的过程中感受这种变化的亲近与真实。

环节二 讲授新课

1. 改革开放促发展

【教师引导】说到道路，不妨先来问问中国人民的领路人。

【播放视频】《中国共产党为什么能》。

【教师提问】建党百年的历史事实充分说明，民族独立、国家富强离不开中国共产党的领导，那么党领导我们富起来、强起来的道路是什么？

【学生回答】改革开放。

【教师总结】中国共产党成立之初，就肩负起领导中国人民实现民族独立、国家富强的历史使命。新中国成立后，中国共产党团结带领中国人民完成社会主义革命，开启改革开放的伟大征程，实现了中国人民从站起来到富起来、强起来的伟大飞跃。改革开放究竟起到了怎样的作用呢？

【设计意图】根据教材内容借助“党史”设计本环节，引导学生回顾祖国从贫弱到富强的近现代史实，增强学生爱党、爱国、爱社会主义的情感，了解改革开放的时代背景，感受改革开放是历史必然的选择，改革开放是我们党的一次伟大觉醒，改革开放是中国人民和中华民族发展史上的一次伟大革命。

【播放视频】《永久的丰碑，再说党的十一届三中全会》。

【教师提问】为什么说十一届三中全会是永久的丰碑？

【学生回答】学生根据上述材料感受十一届三中全会的历史意义。

【教师引导过渡】党的十一届三中全会开启了改革开放的新时期。生活的富裕离不开人民创造财富方式的变化。你能说说爷爷奶奶一代人与父母一代人所从事的工作有什么不同吗？相比过去，人们为什么可以从事更多不同的工作？这些工作对劳动者提出了哪些要求？

【学生回答】通过对比发现，中国的经济体制改革对中国劳动者、国家经济发展产生重要影响，社会更加尊重劳动、尊重知识、尊重人才、尊重创造。

【教师总结】党的十一届三中全会以来，我们的国家实现了从经济体制改革到全面深化改革、从封闭半封闭到改革开放、从计划经济到市场经济的深刻转变。我国逐步确立了以公有制为主体、多种所有制经济共同发展的基本经济制度，形成了多种所有制经济平等竞争、相互促进的新格局。人民群众参与社会劳动，创造社会财富的积极性和主动性空前高涨，尊重劳动、尊重知识、尊重人才、尊重创造已经成为社会共识。社会主义中国以面向现代化、面向世界、面向未来的崭新面貌巍然屹立在世界东方。

【设计意图】讲“改革开放”绕不开“十一届三中全会”这个话题，但考虑到学生的认知水平，很难运用有关国家政策的专业知识让学生理解改革开放的重要意义，尤其是对经济制度的理解较为困难。因此，本部分内容适合采用历史题材纪录片，带领学生从宏观角度感受十一届三中全会以来改革开放给我们的国家所带来的巨大变化。再通过学生爷爷奶奶一代人与父母一代人所从事工作的对比，深刻体会改革开放对祖国的蓬勃发展带来的积极影响。

2. 中国腾飞谱新篇

【播放视频】《改革开放四十年》。

【教师提问】回顾祖国改革开放四十年的伟大征程，简要总结祖国取得了哪些成就。

【学生回答】学生从宏观角度总结改革开放以来祖国发展的成就。

【教师引导】除了刚才大家看到的几幅画面，我们还关注过哪些改革开放以来祖国腾飞的表现呢？同学们来一起和大家分享一下吧。

学生根据课前准备要求，利用课件从经济发展、百姓生活、国际影响、扶贫攻坚、生态文明建设等多个角度展示改革开放以来祖国腾飞的表现，并通过简单交流进行总结。

例如：

一组学生：

【播放视频】《了不起我的国》。

【提出问题】在视频中你看到了祖国的哪些变化？

【学生总结】“中国腾飞”在综合国力方面的表现：中国已经成为世界第二大经济体、制造业第一大国、货物贸易第一人国、商品消费第二大国、外资流入第二大国，外汇储备连续多年位居世界第一，科技、教育、文化等各项事业蓬勃发展。

二组学生：

【多媒体展示图片材料】

“数读”百姓生活——近十年来我国居民收入、生活质量提高情况：

2021 年城镇居民人均可支配收入 47412 元，比 2012 年增长 96.5%；农村居民人均可支配收入 18931 元，比 2012 年增长 125.7%。

2021 年全国居民人均消费支出 24100 元，比 2012 年 12054 元增加 12046 元，人均消费支出累计名义增长 99.9%。

2021 年全国居民人均教育文化娱乐支出 2599 元，比 2012 年增长 106.0%。

2021 年，城镇地区有 87.5% 的户所在社区有卫生站，农村地区有 94.8% 的户所在自然村有卫生站，分别比 2013 年提高 7.8 和 13.2 个百分点。

……

【学生总结】“中国腾飞”在人民生活方面的表现：我国城乡就业规模持续扩大，人民收入较快增长，家庭财产稳步增加，城乡社会保障制度逐步建立和完善，扶贫等民生方面的工作取得了举世瞩目的成就。中国人民通过改革开放过上了幸福生活。

三组学生：

【播放视频】《中国正在拉动世界经济》。

【提出问题】你还知道中国给世界带来的哪些方面的积极影响？

【学生回答】可从政治、经济、军事、文化、疫情防范、绿色发展等多个角度进行探讨。

【学生总结】“中国腾飞”在国际影响力方面：改革开放是中国和世界共同发展进步的伟大历程，不仅深刻改变了中国，也深刻影响了世界。从“引进来”到“走出去”，从加入世界贸易组织到共建“一带一路”，从应对亚洲金融危机和国际金融危机到成为世界经济增长的主要稳定器和动力源，中国已经成为影响世界的重要力量。

【操作建议】本环节可以发动学生多角度展现中国腾飞的表现，不仅可以从改革开放以来尤其是“党的十八大”以来的祖国发展“成绩单”来获得感受，还可以从“中国商品与消费市场”“世界杯足球赛的中国元素”“家乡、社区人民的生活改变”等许多贴近学生生活的角度进行展现，以此丰富学生对改革开放的积极体验。

【教师总结】中国的腾飞证明，改革开放是决定当代中国命运的关键抉择。习近平总书记在党的二十大报告中明确了前进道路上必须牢牢把握的“五个重大原则”，其中一个原则就是坚持深化改革开放。我们借助改革开放的力量，不断推动高质量发展，增强社会主义现代化建设的动力和活力，在自身发展的同时也为世界创造更多机遇。

【设计意图】祖国的发展成就涉及方方面面，综合国力的强大让祖国的发展成就数不胜数。通过此活动环节，引导学生在课前做好调查搜集，走上讲台与同学分享相关案例与感受，更能从学生的视野与认知水平出发体会祖国改革开放以来的伟大成就与改革开放的伟大历史意义。

八、课外活动

联合你的同学收集改革开放四十年来能够表现人民衣食住行等方面突出变化的实物、图片、照片等资料，举办一场小型博物展出，然后进行分享交流。

九、教学反思

本节课的主要内容是对改革开放的认识和理解。由于我国开启改革开放的时代对学生来说相对久远，且本课部分内容及概念对于学生认识水平来说相对抽象模糊，因此，本节课在讲授过程中存有一定难度。为了使学生能够当堂掌握教材内容相关知识，落实教学目标，教师在授课过程中应注意结合教材和学生身边的鲜活事例，同时应用丰富的网络资源，带领学生了解相关历史与概念，能收到事半功倍的效果。

本课教学设计中尝试采用活动课的课型。在讲新课前要求学生以小组为单位根据教材内容以不同的任务要求搜集国家发展成就，也就是开展综合实践活动。每个小组经过内部分工，根据自己负责的主题确定主持人，通过在课堂上展示搜集的资料与精彩的讲解，将课内学习与课外活动结合起来。这种课堂教学活动，既落实了道德与法治课的实践性原则，又落实了思想性原则，从而更好地达成情感、态度、价值观目标，培养学生的政治认同素养和担当复兴大任的责任意识素养。同时，这种课堂教学活动也给学生提供了展示才华的广阔舞台，提高了他们搜集资料、解读资料和解决现实问题的能力。本节课的教学重点是改革开放的历史与现实意义，教师应注意选取新颖、鲜活的典型事例帮助学生加深理解，特别注意对时政材料的搜集运用，引导他们自觉地观察、分析社会现象，做改革开放的拥护者、支持者。祖国的发展日新月异，如果课堂上所展现的案例时效性不强，存在争议，必然会导致课堂目标的实现不充分。

九年级学生受社会阅历与历史知识水平所限，缺乏全面、客观、辩证分析问题的能力，很容易对改革开放之前的中国发展存有偏颇的理解，教师需要作好介绍铺垫，这也为本节课的教学带来挑战。

第三部分　普通高中“思想政治”

必修1《中国特色社会主义》

第三课《只有中国特色社会主义才能发展中国》

第一框《伟大的改革开放》

□临沂市费县第一中学　张继佩

一、课标要求

《普通高中思想政治课程标准》（2017年版，2020年修订）第四部分“课程内容”必修课程“模块1：中国特色社会主义”内容要求“2.3论证中国特色社会主义是当代中国发展的根本方向，坚定坚持和发展中国特色社会主义的自信”。

二、教材分析

本框共有两目内容。第一目是《改革开放的进程》，通过探究与分享列举了20世纪70年代、80年代和90年代“三大件”的变化，说明改革开放让中国人民的生活发生了巨大变化，激发学生探究改革开放的兴趣。第二目是《改革开放的意义》，通过“探究与分享”导入，让学生查阅资料，选取最感兴趣的“改革先锋”，了解他作出的贡献，深入思考他们身上体现出的“敢闯敢干、敢为人先的改革创新精神”，进一步引导学生思考人民群众是改革开放伟大奇迹的创造者，是推动改革开放的主体和力量源泉。

第一目阐明了改革开放的进程，第二目阐明了改革开放的意义。

三、学情分析

从认知结构来看，学生能够说出“改革开放”这个词语，但对于实行改革开放的原因、意义、历程的把握还不够具体和深入。

从思维特点来看，对于改革开放的历程和意义的认识仅仅停留于一些感性认识和表面的思考，缺乏理性分析和科学分析。

从情感特点来看，学生热血沸腾，对于改革开放充满热情，对于改革先锋的人物事迹也是充满崇拜，但是缺乏一种更深层次的政治认同和公共参与，不能把改革创新精神与人民群众的主体地位和作用联系起来，坚定中国特色社会主义道路自信、制度自信、理论自信和文化自信的自觉性还有待提升。

四、教学目标

1. 通过了解党的十一届三中全会取得的丰富成果，理解重新确立马克思主义的思想路线、政治路线、组织路线和作出实行改革开放这一重大决策的伟大意义。

2. 阐述党的十一届三中全会以来我国改革开放的历程和取得的主要成就，感受改革开放给中国带来的深刻变革。

3. 通过查阅改革开放以来我国取得巨大成就的资料，理解改革开放对中华民族的重要意义，了解改革开放与中国特色社会主义的关系。

五、教学重点难点

1. 教学重点：改革开放的历史进程和伟大意义。

2. 教学难点：提升对改革开放何以伟大的情感认同。

六、教学方法

教学方法有议题式教学法、互动式教学法等。

七、教学过程

【导入新课】播放 MTV《春天的故事》。

《春天的故事》描述的是改革开放和现代化建设的总设计师邓小平同志南方谈话的故事，唱出了一代伟人坚定改革开放的豪迈情怀。它既有史诗般的气势，又情感细腻，令人如沐春风、倍感亲切。伴随着这优美的旋律，我们能感受到改革开放的画卷徐徐展开，一个划时代的事件和伟人重现眼前。

伴随这首《春天的故事》，我们把时光切换到1978年，再次感受那激动人心的时刻，去了解改革开放的进程，去深入理解改革开放的伟大意义，去探讨“改革开放何以伟大”这一总议题。

【总议题】改革开放何以伟大？

环节一 议题论证：敢问路在何方

分议题1：为什么要实行改革开放？

【议题情境】播放视频《开放前的深圳》。

【视频简介】“深圳只有三件宝，苍蝇、蚊子、沙井蚝；十室九空人离去，村里只剩老和小。”这首民谣，是对改革开放前的深圳的真实写照。当时，深圳没有大学，没有自己的报纸、广播和电视，仅有的文化设施是一家新华书店和一座20世纪50年代盖的剧院。改革开放前的深圳只是一个鲜为人知的小渔村，深圳农村人可谓穷得叮当响，他们为了挣得一口饱饭吃，穿越层层铁丝网，泅渡到香港去打工。据一位姓潘的先生回忆，当时只有1.8万人的沙井镇，逃港的就达1万人。就是因为穷，老一辈农村人在逃到香港后，拼命工作、赚钱。有个叫陈生的本地人，逃到香港后在一家建筑工地打工，由于没有户口，他只能白天在山上睡觉，晚上才去工地上干活，干了两三年，总算有了七万元的收入，他回到沙井镇开了一家杂货铺。

【议学活动】谈一谈改革开放之前的深圳面临哪些困境。分组讨论，分组展示。

【设计意图】高一学生虽然知道改革开放这一宏观政策，但对于改革开放的深层次原因不太清楚。在教学过程中，通过图片展示和文字材料的描述，展现改革开放之前深圳农村的贫穷落后面貌，再引导学生结合当时的时代背景，直观感受改革开放之前的那段历史，认同改革开放势在必行。

【议学提示】改革开放之前的深圳，政治上以阶级斗争为纲，经济上实行的是僵化的计划经济体制，严重制约了经济的发展，人民生活贫困，深圳与香港的巨大反差，使得当时的深圳人纷纷逃往香港。这样的生活让人们在思想上产生了困惑，社会主义的优越性到底体现在哪里？贫穷不是社会主义，如果再不改革，我们的社会主义事业就会被葬送。

环节二 议题描绘：回看走过的路

分议题2：改革开放有何重大意义？

【议题情境】展示深圳40多年的发展历程图。

深圳的发展主要经历了四个阶段。而这些发展阶段恰恰与我国的改革开放历史进程是完全吻合的，这说明深圳的发展就是在中国改革开放的大背景和时代发展的滚滚浪潮中进行的。

1978年12月党的十一届三中全会召开之前，深圳人就已经开始了观念的转变和思想的解放："既然大家纷纷逃往香港，就说明我们的政策出了问题，我们为什么不去学习资本主义国家那些好的经验呢？"而且这个时候也具备了一些现实条件：1949年新中国成立初期，与我国建交的国家仅有10个，并且都是社会主义国家。而截止到1978年，和中国建立外交关系的国家就有118个，其中有很大一部分是资本主义国家，这为我们学习资本主义国家的经济发展经验创造了现实可能性。

十一届三中全会召开之后，1980年，国家设立了四个经济特区，深圳正式迈出了改革开放的第一步。而就在深圳人民的生活刚刚有所好转的时候，20世纪80年代末90年代初，苏联解体、东欧剧变，我国国内也出现了市场经济姓"资"还是姓"社"的讨论，深圳人开始担心这条致富路还能不能继续走下去。

1984年，我国开放了大连、青岛等14个沿海港口城市。1988年设立海南省，并将其开辟为经济特区。1990年，开放上海浦东。全方位、多层次对外开放格局的基本形成，让深圳人更加坚定了敢为人先的改革开放之路。

1992年，邓小平南方谈话和党的十四大建立社会主义市场经济体制目标的确立，无疑给深圳人吃了一颗定心丸，改革开放的步伐也越迈越大。

2013 年，党的十八届三中全会作出全面深化改革的部署，深圳步入了创新发展和高质量发展的新阶段，取得了举世瞩目的伟大成就，改革开放的旗帜在深圳高高飘扬。

【议学活动】根据深圳的发展历程，结合教材相关知识，以时间轴的形式画出改革开放的进程图。自主绘制，组内完善，组际展示。

【设计意图】本课的学习目标之一是让学生梳理对内改革、对外开放的历史进程，通过动手动脑主动绘制进程图，学生能够理性认识改革开放正当时，进而对改革开放的进程有清晰有序的理解和把握，培养政治认同。

【议学提示】40 多年的发展，造就了深圳的传奇，孕育形成了“敢闯敢试、开放包容、务实尚法、追求卓越”的深圳精神。正是改革开放改变了深圳的面貌、中国的面貌、中华民族的面貌、中国人民的面貌、中国共产党的面貌，使我们仅用 40 多年的时间就走过了其他国家近百年走过的现代化进程，使我国实现了由站起来到富起来再到强起来的伟大飞跃，使我国人民实现了由温饱不足到小康富裕的伟大飞跃，中国特色社会主义迎来了从创立、发展到完善的伟大飞跃。因此，改革开放是党和人民大踏步赶上时代的重要法宝，是坚持和发展中国特色社会主义的必由之路，是决定当代中国命运的关键一招。

党的二十大报告提出，改革开放和社会主义现代化建设深入推进，书写了经济快速发展和社会长期稳定两大奇迹新篇章，我国的发展具备了更为坚实的物质基础、更为完善的制度保证，实现中华民族伟大复兴进入了不可逆转的历史进程。深入推进改革创新，坚定不移扩大开放，着力破解深层次体制机制障碍，从而不断彰显中国特色社会主义制度优势，不断增强社会主义现代化建设的动力和活力，把我国的制度优势更好转化为国家治理效能。

环节三 议题思辨：比较别人的路

分议题 3：为什么改革开放既不能走封闭僵化的老路，也不能走改旗易帜的邪路？

【议题情境】深圳的发展吸引了众多参观学习者，也让有些人产生了一些质疑。在一次学习交流会上，有些人指出："深圳的改革开放说到底，就是向西方国家学习的过程，就是要引导中国走资本主义道路。"

【议学活动】假如你作为深圳本次经验交流会的发言人，该如何反驳该观点。

【设计意图】通过设置"改革开放道路就是学习西方的过程"这一辨析活动，引导学生批判错误观点，坚定走中国特色社会主义道路的信念。

【议学提示】改革开放过程中，西方国家好的经验我们必须学习，必须改变不适应生产力发展的经济体制、机制和思想观念，决不能走过去封闭僵硬的老路。但是，我们要坚定走社会主义的发展道路，决不能走改旗易帜的邪路，决不能改变我们的社会主义性质，也不能全盘接受或者实行资本主义的经济制度、机制和运行方式。要结合中国实际，围绕解放和发展生产力这一核心任务，围绕如何推动社会主义发展和完善、如何体现社会主义制度的优越性进行。因此，我们的改革开放要坚定不移地走中国特色社会主义道路。

环节四 议题延伸：展望前行的路

分议题4：青年一代如何担当作为，谱写改革开放的新篇章？

【议题情境】改革开放40多年来，我们党领导人民绘就了一幅波澜壮阔、气势恢宏的历史画卷，谱写了一曲感天动地、气壮山河的奋斗赞歌。人民是改革开放伟大奇迹的创造者，是推动改革开放的力量源泉。改革开放在认识和实践上的每一次突破和深化，改革开放中每一个新生事物的产生和发展，每一个经验的取得和积累，都来自亿万人民的实践和创造。

在改革开放的伟大进程中，涌现出一大批勇立时代潮头、锐意改革创新、敢于实践探索的先锋模范。2018年12月，在隆重庆祝改革开放40周年之际，为表彰先进、鼓舞斗志，弘扬敢闯敢试、敢为人先的改革精神，激励全党全国各族人民坚定不移听党话、跟党走，将改革开放进行到底，党中央、国务院决定，授予于敏等100名同志"改革先锋"称号，颁授改革先锋奖章。

习近平说，未来属于青年，希望寄予青年。新时代的中国青年要以实现中华民族伟大复兴为己任，增强做中国人的志气、骨气、底气，不负时代，不负韶华，不负党和人民的殷切期望！

【议学活动】召开以“勇担重任，谱写改革开放的新篇章”为主题的班级演讲会，写出演讲稿提纲。

【设计意图】处于新时代的高中学生，对未来有无限期许。通过设置这一开放性活动，让学生学习改革先锋的先进事迹，激发他们敢为人先、敢闯敢试的斗志，引导学生畅想未来，培养公共参与素养。

【议学提示】实践发展永无止境，解放思想永无止境，改革开放也永无止境。当今世界是开放的世界，改革开放积累的宝贵经验是党和人民弥足珍贵的精神财富，对新时代坚持和发展中国特色社会主义有着极为重要的指导意义，我们必须倍加珍惜、长期坚持，在实践中不断丰富和发展，把伟大的改革开放不断推向前进，为实现中华民族伟大复兴而努力奋斗！

【课堂小结】改革开放已经书写了一幕幕华美蝶变的传奇，改革开放必将创造新的更大奇迹。在新的历史起点上，让我们努力续写更多“春天的故事”。

八、课外活动

观看《庆祝改革开放 40 周年大会》视频，以“改革开放何以伟大”为题，写一篇思想政治小论文。

要求：紧紧围绕主题，结合所学知识，分层次予以论述，800 字左右。

九、教学反思

1. 本节课通过创设丰富多彩的教学情境，充分发挥学生的主体作用，让学生主动参与议题的探究，探究情境中的子议题，通过议题论证、议题描绘、议题思辨、议题延伸几个环节，对于议题的内容和相关的教材知识予以归纳和总结，虽然激发了学生主动学习的兴趣，但是因为学生对于改革开放的历史和进程没有亲身体验，难以领会改革开放的进程和意义，对于教学目标的达成度稍显不够。为此需要让学生参与社会调查和实践，通过走访、调查和搜集材料，切实感受改革开放的伟大进程和意义，从而有利于进一步增强学生的政治认同。

2. 依托重大时代热点，选取恰当的教学情境，结合改革开放 40 周年这一重大历史事件，以深圳的落后—开放—发展—深入推进为基本线索，把我国实行改革开放的原因、进程、意义、深入发展等内容展现得淋漓尽致。

3. 整个教学过程，始终贯穿着立德树人的根本任务，以不断提高学生的核心素养为目标，不断增强学生对改革开放和中国特色社会主义道路的政治认同，通过设置班级演讲会和撰写思想政治小论文的形式，激发学生为改革开放不负韶华、勇担重任的激情与热情，从而有效达成本节课的核心素养目标。

4. 通过选取多种形式的教学资源，多角度调动学生的注意力和学习兴趣。本课在教学资源的选取上，既有文字资源，也有图表、图示资源，还有数字化视频资源，图文声像并茂，在一定程度上调动了学生课堂学习的积极性，提高了课堂教学效率。但是，因为有些视频资料缺乏文字注解，给学生提供的有效信息少，在以后的教学设计过程时，需要进一步优化资源。

第四部分 大学“马克思主义基本原理”

第三章《人类社会及其发展规律》

第二节《社会历史发展的动力》

□山东师范大学 牟正纯

一、教材分析

本专题教材共有两部分：第一部分为理论阐述，围绕社会基本矛盾展开，首先讲清楚什么是社会基本矛盾，要求大学生在原有知识的基础上进一步搞清楚社会基本矛盾的作用和社会基本矛盾的内在机制（社会基本矛盾是如何推动社会发展的）；第二部分为现实分析，围绕改革的社会作用展开，改革是社会基本矛盾作用的必然结果，是社会基本矛盾作用下中国人民的主动选择。

教材内容的逻辑关系：第一部分侧重理论深度，社会基本矛盾及其运动规律是改革的哲学基础；第二部分侧重实践价值，改革是社会基本矛盾作用的具体体现。它们之间是哲学理论与实际运用的关系，体现了历史与逻辑的辩证统一。

二、学情分析

从知识背景来看，学生对于社会发展的基本规律以及社会基本矛盾原理具有一定的知识基础，但对于社会基本矛盾推动社会发展，特别是推动全面深化改革的内在机理还缺乏全面系统的把握。

从思维特点来看，学生对于改革有直观的感受，尤其是为中国改革所取得的巨大成就深深震撼，但对于新时代全面深化改革的“全面性”还要进一步加深理解。

从情感态度来看，学生能够深刻感受到改革开放所取得的巨大成就和深刻变革，对改革持积极的肯定态度，但对改革的必要性、可能性还缺乏深刻的理性认知。

三、教学目标

1. 知识目标：理解社会基本矛盾的含义、作用，尤其是社会基本矛盾推动社会历史发展的内在机制；明确社会基本矛盾是社会发展的动力之源，是改革最深层的理论根据和哲学基础。

2. 能力目标：运用马克思主义社会基本矛盾理论正确分析和理解我国全面深化改革的必要性、可能性和重要性。

3. 价值目标：从更深理论层面理解改革是强国之路；进一步理解深化改革的重要性和对中国的巨大意义，从而增强大学生行动的自觉性。

四、教学重点难点

1. 教学重点：生产力和生产关系、经济基础和上层建筑的矛盾是社会基本矛盾，社会基本矛盾运动的内在机制，社会基本矛盾的作用。

2. 教学难点：社会基本矛盾运动的内在机制，深化改革的必要性和意义。

五、教学方法

综合运用课堂讲授法、典型案例分析法、问题启示法、课堂讨论法，以典型案例和图表形式作阐释，将教师讲授和学生讨论相结合，实现理论性和实践性、价值性和知识性的结合。

六、教学过程

【导入】旧的社会历史理论往往把社会历史发展的动力归结为人们的思想动机或精神力量，而未能揭示社会历史的真正奥秘。唯物史观超越了唯心史观，它没有停留在“精神动力”的层面上认识社会历史，而是透过历史的表象进一步探寻，从而发现了社会历史深处“动力的动力”。在这一节中，我们将看到究竟什么力量是推动社会发展的根本动力，根源于人类社会基本矛盾的社会改革，是决定当代中国前途命运的关键一招。

1. 社会基本矛盾是社会发展的根本动力

(1) 社会基本矛盾涉及的三个要素

【学生思考】社会结构的三个要素是什么？它们之间是什么关系？（教师课前在线上发布问题，同学们通过“学习通”进行交流和讨论，现场抽取两名同学分享自己的看法）

【教师总结】马克思把社会比喻成一座大厦。这座大厦由三个基本要素构成。生产力和生产关系的统一构成社会的生产方式，它们是社会的经济因素；上层建筑中的政治上层建筑构成社会的政治因素；上层建筑中的思想上层建筑构成社会的观念因素。社会经济因素决定社会的政治因素和观念因素。

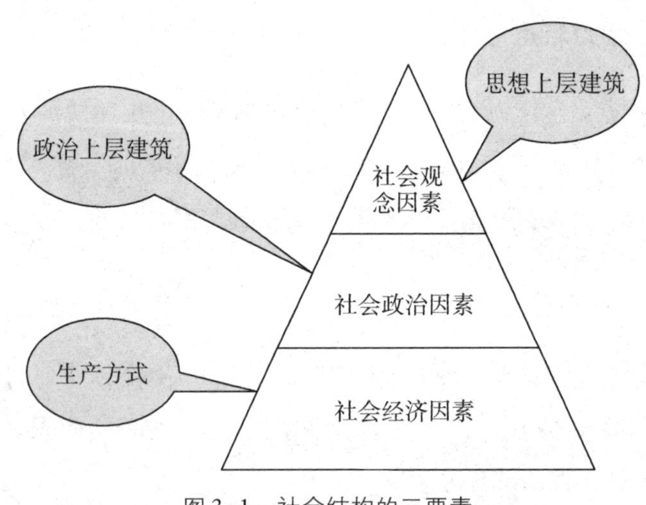

图3-1　社会结构的三要素

【学生思考】经典作家的话说明了什么哲理？

“一切社会变迁和政治变革的终极原因，不应当到人们的头脑中，到人们对永恒的真理和正义的日益增进的认识中去寻找，而应当到生产方式和交换方式的变更中去寻找；不应当到有关时代的哲学中去寻找，而应当到有关时代的经济中去寻找。”（恩格斯：《社会主义从空想到科学的发展》，《马克思恩格斯选集》第 3 卷，人民出版社 2012 年版，第 798—799 页）

“社会的物质生产力发展到一定阶段，便同它们一直在其中运动的现存生产关系或财产关系（这只是生产关系的法律用语）发生矛盾。于是这些关系便由生产力的发展形式变成生产力的桎梏。那时社会革命的时代就到来了。”（马克思：《〈政治经济学批判〉序言》，《马克思恩格斯选集》第 2 卷，人民出版社 2012 年版，第 2—3 页）

“在社会主义社会中，基本的矛盾仍然是生产关系和生产力之间的矛盾，上层建筑和经济基础之间的矛盾。不过社会主义社会的这些矛盾，同旧社会的生产关系和生产力的矛盾、上层建筑和经济基础的矛盾，具有根本不同的性质和情况罢了。”（毛泽东：《关于正确处理人民内部矛盾的问题》，《毛泽东著作选读》下册，人民出版社 1986 年版，第 767 页）

（教师课前在线上发布问题，同学们通过学习通进行交流和讨论，现场抽取两名同学分享自己的看法）

【教师总结】社会历史发展的动力源于它内部的根本矛盾或基本矛盾。生产力和生产关系的矛盾、经济基础和上层建筑的矛盾是社会历史内部的根本矛盾，因而，它们是社会历史发展的根本动力。为什么？结合上面的社会结构图，引导学生得出如下结论：第一，这两对矛盾涵盖了整个社会的经济、政治、文化三大领域，能够反映社会的整体结构；第二，这两对矛盾存在于人类社会发展的始终，同人类社会共存亡；第三，这两对矛盾决定着社会历史的性质和全貌，决定社会形态的更替和社会发展的方向；第四，这两对矛盾规定和影响着其他社会矛盾的存在和发展；第五，这两对矛盾构成了贯穿于人类社会整个历史发展过程的一般规律。

（2）社会基本矛盾的作用、内在机制

【学生思考】社会基本矛盾的作用是什么？它们是怎样推动社会发展的？（教师课前在线上发布问题，同学们通过“学习通”进行交流和讨论，现场抽取两名同学分享自己的看法）

【教师总结】

一是社会基本矛盾运动的内在机制。

一方面，生产力决定生产关系（经济基础），生产关系（经济基础）决定上层建筑；另一方面，生产关系反作用于生产力，上层建筑反作用于经济基础，层层决定作用、层层反作用构成了生产力、生产关系（经济基础）、上层建筑的矛盾运动，这种矛盾运动推动了由生产力和生产关系构成的生产方式、由经济基础和上层建筑构成的社会形态、由旧的生产方式向新的生产方式、由旧的社会形态向新的社会形态的矛盾运动，这就是社会基本矛盾推动社会生产方式、社会形态发展进步的内在机制。

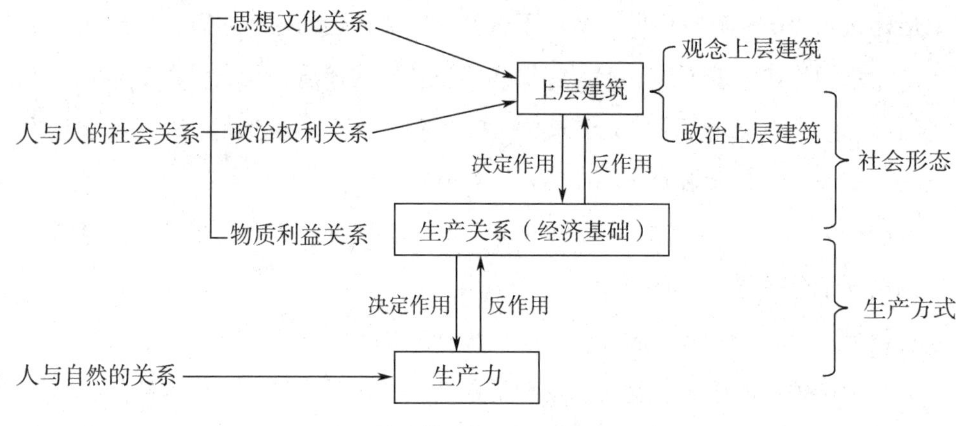

图 3-2　社会基本矛盾运动机制示意图

社会基本矛盾运动的机制是层层决定作用和层层反作用的统一，即从生产力到生产关系（经济基础）再到上层建筑是一个层层决定的过程，从上层建筑到生产关系（经济基础）再到生产力是一个层层反作用的过程。

二是社会基本矛盾的作用。

社会基本矛盾是历史发展的根本动力，它在历史发展中的作用主要表现在：首先，生产力是社会基本矛盾运动中最基本的动力因素，是人类社会发展和进步的最终决定力量；其次，社会基本矛盾特别是生产力和生产关系的矛盾，决定着社会中其他矛盾的存在和发展；最后，社会基本矛盾具有不同的表现形式和解决方式，并从根本上影响和促进社会形态的变化和发展。

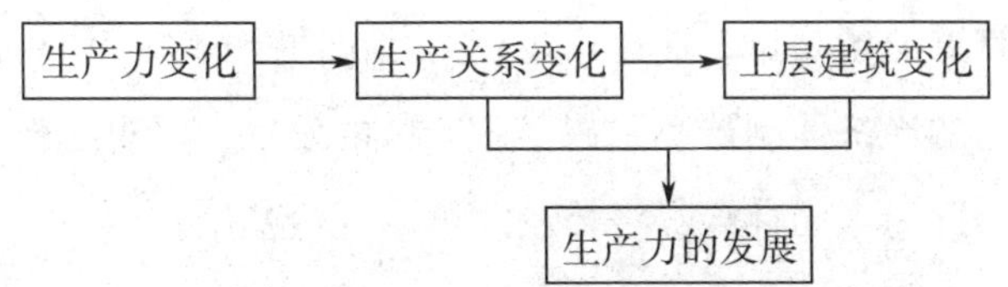

图 3-3 社会基本矛盾怎样推动社会发展

【注意】生产力既是社会基本矛盾运动的起点，又是社会基本矛盾运动的归宿；生产力是社会基本矛盾运动中最基本的动力因素，是人类社会发展和进步的最终决定力量。

2. 改革开放是决定当代中国前途命运的关键一招

是什么促成了深圳的腾飞？是什么推动了浦东的崛起？是什么铸就了中国的辉煌？归根到底就是改革。

（1）改革的哲学基础

【案例】中国农村改革第一村——小岗村的故事

在中国革命博物馆里，有一份特殊的藏品——印有 18 个红手印的协议书。这件国家一级文物是由中国农村改革第一村——安徽省凤阳县小岗村的农民们亲手创造的。小岗人用 18 个鲜红的手印揭开了中国农村改革蔚为壮观的一页。小岗村的改革说明了什么？改革的理论依据是什么？

【教师点评】作为一个普通的中国农村，小岗村因率先实行“大包干”农村联产承包责任制、带动中国亿万农民解决了温饱问题而闻名全国，成为中国农村经济改革的“领头羊”。小岗村的改革实践，源于村民们对自身生产发展和经营模式的探索，源于对幸福生活的渴望和追求。家庭联产承包制的普遍实行，为农村商品经济发展创造了条件，促使传统农业经济朝着专业化、商品化和社会化的方向发展。

小岗村坚定地率先进行改革，并在全国掀起全面经济体制改革浪潮，这自然有它的现实基础，即我国生产力水平低和发展不平衡。可是如果我们从更深层次去追究，这是生产关系一定要适合生产力状况的规律的具体运用和体现，一个国家、一个地区在一定的历史时期实行什么性质的所有制及其形式，建立什么分配制度，究竟要由什么来决定？既不是由个别政治权威的意志决定，也不是由大家的良好愿望决定，而是由生产力状况决定的。小岗村之所以冒险改革，是因为当时的经济体制严重阻碍了生产力的发展，严重挫伤了生产者的积极性和创造性。此为中国社会经济体制改革的理论基础。

（2）改革的性质

【学生思考】教材中有这样一段话：“从历史上看，改革有范围和程度上的不同。有的是局部性的、浅层次的改革，有的则是全局性的、深层次的改革。由于后者对社会的生产关系和上层建筑有深层的触动和调整，因而能对社会生活产生广泛而深远的影响，甚至会影响到一定社会的发展方向。对于这样的改革，人们有时也会在一定意义上称其为‘革命’或‘社会革命’。这种概念的用法，不是从社会形态更替的本来含义上讲的，而是就这种改革的深刻性和对社会的深远影响而言的。”如何看待发端于 20 世纪 70 年代后期的这场对中国历史影响深远的改革？（教师课前在线上发布问题，同学们通过“学习通”进行交流和讨论，现场抽取两名同学分享自己的看法）

【教师总结】改革是同一种社会形态发展过程中的量变和部分质变，是推动社会发展的又一重要动力。中国的社会主义改革是一场广泛深刻的伟大变革，从性质上看，它是社会主义制度的自我完善和自我发展，但从其广泛性和深刻性而言，从对我国社会生活的深远影响而言，可以说是一场伟大的革命。习近平将党领导人民奋斗的全部历程统称为一场伟大的社会革命。事实证明，改革开放是决定当代中国命运的关键抉择，是党和人民事业大踏步赶上时代的重要法宝。从历史上看，任何社会的发展都离不开改革。这是因为，作为社会发展根本动力的生产力总是以一定的生产关系作为社会条件，并在生产关系即经济基础与上层建筑的矛盾作用下实现自身发展，调整和改革与生产力发展要求不相适合的生产关系和上层建筑，是解放生产力、发展生产力的重要条件。能不能顺应生产力发展之势而有改革的自觉作为，常常决定着一个国家或民族的盛衰兴亡。

（3）改革的作用

【学生思考】邓小平同志指出：“革命是解放生产力，改革也是解放生产力。”结合中国的改革，谈谈改革的社会作用（教师课前在线上发布问题，同

学们通过"学习通"进行交流和讨论，现场抽取两名同学分享自己的看法）

【教师总结】改革是一种社会形态发展过程中的量变，是统治阶级为了巩固和完善自己建立的社会制度而在社会各个领域采取的革新举措。改革在社会历史发展中的重要作用集中表现在，它是一定程度上是解决社会基本矛盾、促进生产力发展、推动社会进步的有效途径和手段。改革的根本任务是解放和发展生产力。从改革的根本任务、改革是解决社会主义社会基本矛盾的基本方法来看，改革是社会主义社会发展的直接动力。

（4）改革的全面性

【学生思考】党的二十大报告指出，十八大以来，"我们以巨大的政治勇气全面深化改革，打响改革攻坚战"。如何理解全面改革？（教师课前在线上发布问题，同学们通过"学习通"进行交流和讨论，现场抽取两名同学分享自己的看法）

【教师总结】改革是一个系统工程，是伴随经济体制改革而来的，必然涉及政治体制改革和文化科技体制改革。而政治体制改革和文化科技体制改革则是上层建筑一定要适合经济基础状况规律的具体运用和体现。上层建筑包括政治上层建筑和观念上层建筑，政治上层建筑是通过政治法律制度、国家机器等强制性的规范影响人们的行为，观念上层建筑是通过风俗习惯、社会舆论、道德规范、新闻宣传等非强制性的规范影响人们的行为，强大的上层建筑力量的存在是为了更好地维护社会的经济基础。经济基础属于生产关系，生产关系的实质是人们的物质利益关系。在社会主义条件下，上层建筑对经济基础的作用，从根本上来说是为了保护和保障人民群众的物质利益。所以，只有积极稳妥地推进上层建筑领域的改革和发展，才能切实保障人民群众的经济、政治和文化利益。全面展开的文化体制改革，既是社会基本规律发展的客观要求，也是我国文化体制发展的实际需要。目前，我国的文化体制与我国经济基础、与我国的发展是基本适合的，但依然存在不适合的环节和方面。只有深化改革才能更好地发展、繁荣先进文化，更好地发挥先进文化的社会作用。

【结论】改革没有完成时，只有进行时。

七、课外活动

1. 参观新中国成立 70 周年成就展。从国家（宏观）的角度、历史（纵向）的角度了解改革开放在中国历史中的重要地位和重大意义，尤其是了解改革对于中国人民完成由穷到富、由站起来到强起来重要历史转变的重大意义。

2. 到济南市章丘区三涧溪村参观调研。三涧溪村是山东农村改革开放的一个典型，是中国广大农村改革开放取得巨大成就的一个缩影。其亮点是，充分发挥基层党组织的战斗堡垒作用，改革创新，成为山东省乡村振兴的典范。2018 年习近平总书记曾亲临三涧溪村视察指导。

八、教学反思

大学生（特别是理工科的同学）在学习这一问题时，一开始会感觉有些困难，主要原因是理论性、逻辑性强，概念较多。在教学过程中，教师应尽量结合改革开放以来，特别是新时代十年来改革开放的重要理论和实践创新进行讲解，结合社会实践中的鲜活案例进行讲解，以增强学生对改革开放必要性和重要性的认识与体悟。同时，要把全面深化改革的马克思主义理论基础讲深讲透，消除学生的理论困惑，坚定其马克思主义的理论信仰和深化改革的信心，从而提高其运用马克思主义理论认识现实、分析问题的能力。

主题四

崇尚和合智慧　共谋世界大同

第一部分 小学“道德与法治”

六年级下册第四单元《让世界更美好》

第十课《我们爱和平》

第三课时《中国为和平作贡献》

□山东师范大学附属小学 盖莹

一、课标要求

《义务教育道德与法治课程标准》（2022年版）第三部分“课程目标”中总目标提出“具有维护民族团结的意识，能够把个人发展和国家命运联系起来，维护国家利益和安全”“关心时事，热爱和平，初步具有国际视野和人类命运共同体意识”。

二、教材分析

《中国为和平作贡献》是《道德与法治》（部编版）六年级下册第四单元第十课《我们爱和平》第三课时的内容。通过学习前两个课时《战争带来的伤害》《和平是世界潮流》，学生初步感受到了战争给人们带来的灾难以及世界人民对和平的热爱。本课时主要指导学生感受到中国是爱好和平的国家，中国人民为了制止战争、维护世界和平作出了自己应有的贡献；中国始终是世界和平的建设者、国际秩序的维护者，中国军队始终是维护世界和平的坚定力量，中国人民解放军自成立以来，始终是中国人民的守护者、国家安全的维护者，是世界和平的坚定捍卫者。强大的国防力量是维护和平的重要保障。近年来，中国军队积极参与海上救援、维和、联合军事演习和反海盗等国际军事活动，在安全领域承担大国责任，为维护世界和平、促进共同发展作出了重要贡献。

三、学情分析

六年级学生已经初步形成了强烈的爱国意识，更多地了解中国为世界和平发展所作出的贡献是本课的重点。同时，引导学生了解世界，了解和平的美好和战争的痛苦。六年级学生通过电视、电影、报刊、网络、图书等载体，可以了解到相关历史背景。此外，他们的形象思维能力较强，但抽象思维能力不够，应注意教学中的形象化表达，让学生充分感受和平的美好和来之不易，了解中国为世界和平所作出的努力和贡献，提升民族自信心和自豪感，认识到人类命运共同体理念、一带一路的中国智慧和方案，提升学生为世界和平作贡献的意识和能力。

四、教学目标

1. 认识了解中国为世界和平所作出的努力和贡献，提升学生的民族自信心和自豪感。

2. 认识了解人类命运共同体理念、一带一路的中国智慧和方案，形成为世界和平作贡献的意识。

五、教学重点难点

1. 教学重点：中国为世界和平所作的努力和贡献。

2. 教学难点：认识了解人类命运共同体理念，形成为世界和平作贡献的意识。

六、教学方法

教学方法有讨论交流法、调查研究法、案例分析法等。

七、教学过程

环节一 回顾学习，在真实背景下导入新课

1. 复习已学内容

回顾前两个课时的内容，再次体会战争给人类带来的灾难以及世界人民对和平的热爱。

2. 揭示课题

中国是爱好和平的国家，也为世界和平作出了很大贡献。这节课我们一起来了解中国为世界和平所作出的贡献。（板书课题：中国为和平作贡献）

【设计意图】与前面所学内容衔接，充分完整地体会战争给人们带来的痛苦和人民对和平的热爱，自然地引出课题，明确本课的学习目标。

环节二 从实际出发，了解中国的和平举措

1. 收集资料，汇报调查表内容

（1）展示调查情况和收集的资料，让学生了解中国为世界和平作了哪些贡献。请根据调查结果填写表格。

表 4-1 中国为世界和平的贡献调查表

时间	和平举措	主要内容	意义

（2）小组交流：中国为世界和平作了哪些贡献？

2. 归纳梳理，了解重要举措

（1）万隆会议与“和平共处五项原则”

播放视频，并结合课本资料思考：为什么提出“和平共处五项原则”？内容是什么？

【讨论交流】提出“和平共处五项原则”对推动世界和平的积极意义。

（2）中国中东问题特使

交流资料，了解中东是战争和冲突频发的地区。

结合国际新闻，说一说中国在处理国际争端中的做法。

（3）“一带一路”建设

【讨论】什么是“一带一路”？都有哪些国家和国际组织参与“一带一路”建设？“一带一路”建设硕果累累，你有什么感受？

师生共同交流，明确“一带一路”建设是推动构建人类命运共同体的重要实践平台。

（4）小结

中国始终坚持走和平发展道路，不把自己的意志强加于人，坚持与邻为善、以邻为伴、睦邻、安邻、富邻，同周边国家及地区和平共处，共同发展。通过发展促进和平，打造人类命运共同体。

【设计意图】通过调查交流，引导学生了解中华民族历来爱好和平，坚定奉行独立自主的和平外交政策；明确中国主张和平解决国际争端，在国际热点问题上发出中国声音，提出中国方案。

环节三 深化主题，感受中国军队是维护世界和平的坚定力量

1. 播放《维和工兵之歌》，讲述维和人员的相关故事

通过真实事例，让学生感受到中国维和部队是维护世界和平不可或缺的重要力量，也是我国全面参与国际合作的重要标志。

2. 师生讨论交流

在当前的国际形势下，我国国防力量的强大对我国的和平与安全以及国际社会的和平与安全有什么贡献？

3. 小结

中国军队积极参与海上救援、维和、联合军事演习和反海盗等国际军事活动，在安全领域承担着大国责任，为维护世界和平促进共同发展作出了重要贡献。

【设计意图】通过听故事、查资料、讨论交流，进一步体会中国人民解放

军始终是中国人民的守护者、国家安全的维护者，是世界和平的坚定捍卫者。

环节四 升华情感，用行动为和平出一份力

1. 阅读交流

阅读课本第 80 页的资料，说说究竟是什么力量激励着边疆战士克服一个又一个困难？

2. 小结

是一种责任担当和无私奉献的精神力量在激励着边防战士克服一个又一个困难。中国人民解放军是保卫祖国的“钢铁长城”，是中国人民和平幸福生活的重要保障。

3. 播放视频：《人类命运共同体》

观看视频并思考：作为小学生，我们能够为世界和平做些什么呢？

引导学生用自己的行动，以多样的形式，例如诗歌、绘画、手抄报等来抒发对和平的热爱。开展作品展示活动，来抒发我们对和平的热爱，展示中国为世界和平所作的贡献。

八、板书设计

中国为和平作贡献

和平共处五项原则——和平共处

一带一路——共同发展

中国军队——钢铁长城

九、课后反思

本课教学中，着重采用调查和探究相结合的方法，引导学生深刻感悟中国为和平所作的贡献，从而激起他们对和平的热爱。

1. 与已知内容衔接，在情感体验基础上开展教学

本课时为第十课第三课时，是基于前两个课时基础上的升华感悟。关于

“战争”的内容有些沉重，看起来似乎有些遥远，通过一个个实例，能够让学生更深刻地感悟“和平”来之不易。所以教学起初，先简要回顾已学的“战争”的内容，唤起学生的记忆，在此基础上进行新授课程，更加自然。

2. 注重方法指导，提高学生的自主合作探究能力

本课涉及背景资料较多，所以教学时更加侧重于指导学生对资料的收集、整理和分析。让学生通过对图文、影像等资料的交流，进行自主学习、小组合作、主动探究。将交流、讨论、探究等方式贯穿始终。充分发挥学生的自主性，实现新课标倡导自主、合作、探究的学习方式。将历史、时政和思想教育有机地融合，突出道德与法治的综合性学科特点。

3. 联系生活实际，激发责任意识

在充分了解了战争的灾难性、和平的重要性以及中国人民为和平所作的贡献之后，将内容总结、拓展，回归到小学生的实际生活中，倡导学生用自己的实际行动为和平出一份力，提升学生为世界和平作贡献的意识和能力。

整个教学过程有效结合了国家、社会、个人层面的内容，学生掌握的知识比较牢固，但在综合应用上还不够灵活、充分，这是今后需要进一步完善与巩固的地方。

第二部分 初中“道德与法治”

九年级下册第三课《与世界紧相连》

第一框《中国担当》

□山东师范大学第二附属中学 马勇

一、课标要求

《义务教育道德与法治课程标准》（2022 年版）第三部分“课程目标”中核心素养之“政治认同”第四学段要求“体会中华文化的源远流长与博大精深”“学习和理解社会主义先进文化和革命文化，坚定文化自信”；“健全人格”第四学段要求“理解个人与社会、国家与世界的关系，积极适应社会发展变化”；“责任意识”第四学段要求“在团队合作互动中增强合作精神和领导力”。

二、教材分析

《中国担当》选自《道德与法治》（部编版）九年级下册第二单元第三课第一框，本框是第二单元的起始课，包含“积极有作为”“贡献中国智慧”两部分内容。第一目《积极有作为》，包含主动担责、参与治理、发展贡献；第二目《贡献中国智慧》，包括提出中国方案、参与国际事务、推动国际秩序。两目内容意在引导学生多领域、多角度了解中国在世界舞台上的积极作为与重要作用，从心底认同中国的大国担当，树立国家自豪感。

三、学情分析

随着认知能力的发展，初三学生初步具有开放、平等、参与的国际意识，加之获得信息的渠道、方式越来越多元，对中国与世界的关系也有了一定的了解。但他们看待问题时仍缺乏全球视野与辩证眼光，对我国的基本国情、对外政策、与世界的联系还缺乏全面了解，甚至部分学生有“我国既然面临诸多问题，为什么还要担当起国际社会发展的责任”这样的疑问。通过本课的学习，引导学生清晰看待中国的国际责任和担当，理性辩证看待国际形势和中国与世界的关系，培养学生的国家认同和国际理解。

四、教学目标

1. 知识目标：懂得维护世界和平、促进共同发展的重要性，了解我国对世界发展的担当与贡献以及其中蕴含的中国智慧。

2. 能力目标：正确认识中国与世界的关系，提高辩证思维能力。

3. 价值观目标：感受我国的大国担当，增强国家认同感，培养全球意识。

五、教学重点难点

1. 教学重点：积极有作为。

2. 教学难点：贡献中国智慧。

六、教学方法

教学方法有活动教学法、情境教学法、讨论教学法、自主参与学习法、合作探究学习法。

七、教学过程

环节一 导入新课

【教师设问】首先我们来看一组数据，3720、42、84、120、20。同学们，你们知道这组数据代表的是什么吗?

【学生回答】3720万、42年、84岁……

【教师引导】同学们的想象力真的是相当丰富,但我说的是疫情期间的一组数据。它代表了截止到2021年12月底,中国向国际社会提供了约3720亿只口罩,超过42亿件防护服,84亿人份检测试剂,向120多个国家和国际组织提供了超过20亿剂新冠肺炎疫苗。听到这里,你有什么样的感受呢?

【学生回答】中国在不断强大,勇于承担责任,发扬了乐于助人的优良传统,等等。

【教师总结】中国正在以文明古国的智慧和新兴大国的责任,对当今世界的和平与发展发挥着越来越重要的作用。今天,我们就来一起学习:中国担当。

【出示课题】中国担当。

【设计意图】通过疫情期间这组强有力的数据,引发学生们思考,初步感知中国在国际社会上的地位、发挥的作用以及承担的责任。学生在轻松的猜数字过程中有话可说,有利于调动他们参与的积极性。这一师生互动,使得高大上的课题变得接地气,减少了学生的畏难情绪。

环节二 讲授新课

1. 我言"担当之勇"

【学生活动】学生在课前分好四个小组,即"世界和平组""环境保护组""经济援助组""灾害救援组",分小组在课堂上开展以"中国担当"为主题的时政播报。时政播报采用PPT形式展示,重点突出中国在这四个方面担当的表现和意义。

【材料展示】教师展示相关材料加以辅佐。

世界和平方面:2021年是中国参与联合国维和行动31周年,中国军人以实际行动向世界展现中国热爱和平、积极参与联合国事务的大国担当,践行维护地区与世界和平的庄严承诺。

党的二十大报告指出,中国式现代化是走和平发展道路的现代化。我们始终把和平共处、互利共赢作为处理国际关系的基本准则,坚持多边主义,反对霸权主义、单边主义，积极推动构建人类命运共同体。

环境保护方面：2021年10月30日，习近平在二十国集团领导人第十六次峰会第一阶段会议上指出：中国将力争2030年前实现碳达峰、2060年前实现碳中和。我们将践信守诺，携手各国走绿色、低碳、可持续发展之路。

党的二十大报告中也指出，中国式现代化是人与自然和谐共生的现代化，绿水青山，就是金山银山——这是中国在现代化建设征程中秉持的一个理念。

经济援助方面：2010年至2021年中国对外资金援助情况。

2021年10月，中国颁布实施《对外援助管理办法》，致力于帮助受援方减轻与消除贫困，改善受援方民生和生态环境，促进受援方经济发展和社会进步，增强受援方自主可持续发展能力。这标志着中国对外援助事业进入制度化和高水平阶段。

灾害救援方面：中国在各种传染病和瘟疫防控中的表现。

【教师总结】通过同学们的分享，我们清晰地看到，面对区域性和全球性的危机与难题，中国不推诿、不逃避，也不依赖他人，积极主动地承担起相应的责任，全方位参与全球治理，在有关世界和平与发展的各个领域积极采取行动，努力提高自身在国际上的影响力、感召力和塑造力！

【设计意图】学生通过搜集相关事例，开展探究活动，深度参与学习，能锻炼学生分析论证、合作学习与语言表达的能力。四个小组分组讨论、合作展示，使学生从多方面和多角度认识中国担当，更全面地认识中国在国际社会中的贡献，进而增强民族自信心和自豪感。

【教师过渡】中国担当不仅体现在对外负责上，对内我们是怎样体现中国担当的呢？接下来看一下我国近几年的扶贫成就，了解中国是如何关注自身发展的。

2. 数说“担当之力”

【材料展示】数据一：我国脱贫攻坚战取得了全面胜利，现行标准下9899万农村贫困人口全部脱贫，832个贫困县全部摘帽，12.8万个贫困村全部出列，区域性整体贫困得到解决，完成了消除绝对贫困的艰巨任务，创造了又一

个彪炳史册的人间奇迹！（摘自习近平在全国脱贫攻坚大会上的讲话）

数据二：截止到 2020 年，中国有 7 亿多人摆脱贫困，中国对世界减贫的贡献率超过 70%。

数据三：中国用不到 10% 的耕地成功养活世界 1/5 的人口，谱写了人类减贫历史上的奇迹，这是对世界发展的重大贡献。

【教师总结】脱贫攻坚取得全面胜利，我们每一个中国人都在这个过程中感受到了中国对人民的责任和担当。同时，作为世界上最大的发展中国家，让 7 亿多人口摆脱贫困，这是中国对世界发展的重大贡献。

【教师追问】有同学发出这样的疑问：中国已经完成脱贫攻坚的任务，中国的国情是否已经改变了呢？我国是否已经转变为发达国家了呢？中国继续对世界作出新贡献，要怎么做？

【学生回答】略。

【教师总结】中国仍处于并将长期处于社会主义初级阶段的基本国情没有变，中国必须全面深化改革，统筹国际国内两个大局，坚持以经济建设为中心，集中力量办好自己的事情，努力提高自身在国际上的影响力、感召力、塑造力，致力于成为世界和平的建设者、全球发展的贡献者、国际秩序的维护者。

【设计意图】真实而强有力的数据最具说服力，学生在读数据的过程中深刻感受我国扶贫取得的成就，进而认识到管好自己和强大自己也是一种中国担当。同时，放眼全球，作为世界上最大的发展中国家，让 7 亿多人口摆脱贫困、解决自身贫困问题，就是对世界发展的重大贡献。学生在这一过程中会进一步体会中国与世界紧密相连的关系。同时通过对“中国已经完成脱贫攻坚任务，已经是超级大国，是发达国家了吗”这一问题的激辩，培养学生的思辨能力和全面分析问题的能力，进一步明确我国的国情。

3. 共享“担当之智”

【教师过渡】中国的担当获得了国际的赞誉，中国被称为“东方最可爱的朋友”。在世界遇到难题时，中国贡献了哪些智慧呢？

活动一：展示习近平主席在博鳌亚洲论坛 2021 年年会开幕式上主旨演讲

的金句，并引导学生思考：

我们要平等协商，开创共赢共享的未来；

我们要开放创新，开创发展繁荣的未来；

我们要同舟共济，开创健康安全的未来；

我们要坚守正义，开创互尊互鉴的未来。

【教师设问】（1）联系相关事例，谈谈你对这些中国方案的理解。（2）这些中国方案能够为解决世界难题带来怎样的影响？

【教师总结】“一花独放不是春，百花齐放春满园。”“志合者，不以山海为远。”中国方案向世界展现了大国风范，显示了中国智慧，中国提出的“人类命运共同体”“一带一路”“大众创业、万众创新”“共商、共建、共享”被陆续写进联合国决议文件，成为彰显东方智慧的联合国官方词汇。

【设计意图】在学生回答的过程中，教师借助习近平主席在国际主要讲话中引用的古典名句之天下篇予以提升，让学生感受到以推动人类共同发展为己任、旨在解决全球问题的中国方案是中国政府的一贯主张，五千多年沉淀的文化智慧在当今世界仍然熠熠生辉，并提出提升人文素养的重要性，坚定文化自信。

活动二：作为负责任的大国，我们就应该无条件地帮助其他国家？

【教师总结】中国要以经济建设为中心，集中力量办好自己的事情。积极参与全球治理，主动承担责任，既尽力而为又量力而行。

【设计意图】在辩论的过程中，教师要引导学生学会具体情况具体分析，在加深对自己国情了解的基础上，懂得当前我国作为一个最大的发展中国家应有的责任与担当，仍然要坚持以经济建设为中心，努力发展自己，也只有增强实力才能为世界作出更大的贡献。帮助学生理解，中国担当不是自大自负，中国必须根据自己的国情量力而行，这也是中国担当的智慧表现。通过观点碰撞、对比分析、深入思考，引导学生锻炼全面辩证的思维能力。

4. 点赞“中国担当”

开展“点赞‘中国担当’”海报设计活动

【课上讨论】结合课堂学习知识及世界热点事件，小组构思并阐述海报设计主题。

【课后描绘】利用课余时间，用手中的画笔生动描绘中国在世界舞台中勇于担当、贡献智慧的大国形象，描绘出中华儿女的自信与自豪！

【设计意图】通过实践活动，引导学生主动思考、主动参与，进一步明白何为担当、如何担当。在巩固本节课所学的基础上，使得情感、态度、价值观得到进一步升华。

环节三 结束新课

【教师升华】担当是什么？担当是职责。担当是什么？担当是气魄！中国担当向世界展现了大国风范，显示了大国智慧。在党的二十大报告中，习近平指出："我们党立志于中华民族千秋伟业，致力于人类和平与发展崇高事业，责任无比重大，使命无上光荣。"这突出反映了中国发展与世界发展的高度统一，体现了中国共产党一以贯之的初心使命。相信伴随实现中华民族伟大复兴的历史步伐，中国定会为推动构建人类命运共同体持续发挥更大作用。构建人类命运共同体，中国与世界共担风雨，共享美好。让我们一起为国家点赞，为祖国助力！

八、课外活动

以"看我大国担当"为题，做一期手抄报，记录几十年来世界范围内中国担当的典型事例，在班内交流分享。

九、教学反思

1. 环节清楚，主线清晰。我言"担当之勇"、数说"担当之力"、共享"担当之智"、点赞"中国担当"四个环节清晰流畅，引导学生层层深入地理解何为"中国担当"。

2. 选取时政热点，善用大思政课。利用党的二十大报告、脱贫攻坚取得全面胜利、习近平主席主旨演讲的金句等时政热点，让学生围绕时政热点进行深度学习，有利于培养学生关注社会、关注国家的意识。

3. 关注学生主体，真思考真参与。教学不能把“中国担当”仅仅停留于中国举办“一带一路”高峰论坛、参加领导人气候峰会等形式层面，而要引导学生主动去搜集事例，全面认识中国广泛参与的国际事务，从中体会“中国担当”及其对世界发展的重要价值。

第三部分 普通高中“思想政治”

选择性必修1《当代国际政治与经济》第二单元《世界多极化》

第五课《中国的外交》

第二框《构建人类命运共同体》

□济南市教育教学研究院 黄万强

一、课标要求

《普通高中思想政治课程标准》（2017 年版，2020 年修订）第四部分“课程内容”选择性必修课程“模块 1：当代国际政治与经济”内容要求“2. 2 引述有关资料，全面阐述和平与发展是当今时代的主题，描述世界多极化趋势；解释我国独立自主的和平外交政策，阐述合作共赢的理念，认识构建人类命运共同体的意义”。

二、教材分析

本框题共有两目内容：第一目是《人类命运共同体的内涵》，阐述我国主张建设人类命运共同体的时代背景和基本内涵；第二目是《中国智慧的生动实践》，从实践角度阐释中国如何将中国智慧融入实践之中，推动构建人类命运共同体，塑造负责任大国的形象。两目分别从理论和实践的角度阐释构建人类命运共同体。

三、学情分析

从认知结构来看，学生能够说出“人类命运共同体”这个词语，但不了解其深刻内涵，不能深入理解这一理念提出的时代背景；学生能够从报纸、电视、网络等媒体中了解到中国为推动构建人类命运共同体的作为，但缺乏深入思考。

从学生的思维特点来看，随着思维的独立性、批判性、创造性的发展，高中学生已不满足教师单纯的知识讲解和教材的叙述，他们主动关注国家大事、社会问题，也乐意探讨这些问题，但由于心智还不够成熟，看问题也容易产生片面性、表面性、简单化，需要教师加强正面引导。

四、教学目标

1. 通过观看视频并研讨，明确提出构建人类命运共同体思想鲜明的时代背景。

2. 通过对习近平关于人类命运共同体系列论述的研讨，理解人类命运共同体的丰富内涵，明确推动构建人类命运共同体的重大意义。

3. 通过对中国为构建人类命运共同体生动实践的探究，领会中国为构建人类命运共同体展现出的担当，关注我国在国际舞台上的地位作用，增强民族自尊心、自信心和自豪感。

五、教学重点难点

1. 教学重点：中国智慧的生动实践。
2. 教学难点：人类命运共同体的内涵。

六、教学方法

教学方法有议题式教学法、讲授法。

七、教学过程

【总议题】如何构建人类命运共同体？

【导入】播放2015年习近平出席第七十届联合国大会一般性辩论时的讲话视频。在这篇讲话中，习近平第一次对“人类命运共同体”作了全面系统地阐述。“肯取势者可为人先，能谋势者必有所成。”“构建人类命运共同体”理念的提出，展现了习近平作为世界级领导人的责任担当。

环节一 议题描述：回答时代之问

分议题1：当今世界正经历怎样的百年未有之大变局？

【议题情境】视频《时代之问：世界怎么了》。

【视频简介】当今世界充满不确定性，挑战层出不穷、风险日益增多。面对“世界怎么了、我们怎么办”的时代之问，习近平在联合国日内瓦总部发表题为“共同构建人类命运共同体”的主旨演讲时，向全世界给出了中国答案。人类命运共同体理念及时回应了时代命题，是中国引领世界潮流和人类文明进步方向的鲜明旗帜。2017年2月10日，联合国社会发展委员会第55届会议通过“非洲发展新伙伴关系的社会层面”决议，“构建人类命运共同体”首次被写入联合国决议中。当年11月，人类命运共同体理念又被载入联大一委决议，填补了联合国国际安全领域决议的空白。2020年11月，人类命运共同体理念再一次被写入联合国外空决议之中，再次证明人类命运共同体理念已深入人心。

【议学活动】研讨构建人类命运共同体理念提出的时代背景。

【设计意图】通过归纳当今世界的主要特征，帮助学生理解构建人类命运共同体理念提出的时代背景，让学生了解到中国共产党既为中国人民谋幸福，又为人类进步事业而奋斗，对关系人类前途命运的问题作出了自己独特的回答。归纳为一点，就是习近平提出的构建人类命运共同体理念。

【议学提示】“大时代需要大格局，大格局需要大智慧。”当今世界正处于大发展大变革大调整时期，和平与发展仍然是时代主题。世界多极化、经济全球化、社会信息化、文化多样化深入发展，全球治理体系与国际秩序变革加速推进，世界各国相互联系与依存程度日益加深，国际力量对比更趋平衡，和平发展大势不可逆转。同时，世界面临的不稳定性不确定性突出，全球发展深层次矛盾尖锐，霸权主义、强权政治依然存在，保护主义、单边主义不断抬头，地区热点此起彼伏，传统安全和非传统安全问题复杂交织，国际社会正面临治理赤字、信任赤字、和平赤字、发展赤字四大挑战。当今世界，没有哪个国家能够独自应对人类面临的各种挑战，各国人民应同心协力构建人类命运共同体。构建人类命运共同体，是顺应当今世界时代发展潮流的必然选择。

环节二 议题决策：贡献中国方案

分议题 2：如何正确理解人类命运共同体的基本内涵？

【议题情境】展示习近平对人类命运共同体的论述。

国家不分大小、强弱、贫富，都是国际社会平等成员，理应平等参与决策、享受权利、履行义务。

——习近平在世界经济论坛 2017 年年会开幕式上的演讲（2017 年 1 月 17 日）

世上没有绝对安全的世外桃源，一国的安全不能建立在别国的动荡之上，他国的威胁也可能成为本国的挑战。邻居出了问题，不能光想着扎好自家篱笆，而应该去帮一把。

——习近平在联合国日内瓦总部的演讲（2017 年 1 月 18 日）

在经济全球化深入发展的今天，弱肉强食、赢者通吃是一条越走越窄的死胡同，包容普惠、互利共赢才是越走越宽的人间正道。

——习近平在首届中国国际进口博览会开幕式上的主旨演讲（2018 年 11 月 5 日）

如果世界上只有一种花朵，就算这种花朵再美，那也是单调的。不论是中华文明，还是世界上存在的其他文明，都是人类文明创造的成果。

——习近平在联合国教科文组织总部的演讲（2014 年 3 月 17 日）

人与自然共生共存，伤害自然最终将伤及人类。空气、水、土壤、蓝天等自然资源用之不觉、失之难续。工业化创造了前所未有的物质财富，也产生了难以弥补的生态创伤。我们不能吃祖宗饭、断子孙路，用破坏性方式搞发展。绿水青山就是金山银山。我们应该遵循天人合一、道法自然的理念，寻求永续发展之路。

——习近平在联合国日内瓦总部的演讲（2017 年 1 月 18 日）

【议学活动】小组商讨人类命运共同体理念的基本内涵，说明提出人类命运共同体理念的重要意义。

【设计意图】人类命运共同体具有丰富的内涵。在这一思想体系中，持久和平是目标，普遍安全是追求，共同繁荣是机制，开放包容是路径，清洁美丽是基础。它是我国经济、政治、文化、社会、生态“五位一体”总体布局的国际延伸。情境中引用的习近平对人类命运共同体的系列论述，就是围绕这五个方面的内容，帮助学生进一步理解构建人类命运共同体的基本内涵以及如何构建人类命运共同体。

【议学提示】构建人类命运共同体，建设持久和平、普遍安全、共同繁荣、开放包容、清洁美丽的世界。要相互尊重、平等协商，坚决摒弃冷战思维和强权政治，走对话而不对抗、结伴而不结盟的国与国交往新路。要坚持以对话解决争端、以协商化解分歧，统筹应对传统和非传统安全威胁，反对一切形式的恐怖主义。要同舟共济，促进贸易和投资自由化、便利化，推动经济全球化朝着更加开放、包容、普惠、平衡、共赢的方向发展。要尊重世界文明多样性，以文明交流超越文明隔阂、文明互鉴超越文明冲突、文明共存超越文明优越。要坚持环境友好，合作应对气候变化，保护好人类赖以生存的地球家园。

构建人类命运共同体，鲜明回答了“建设一个什么样的世界、如何建设这个世界”这一关乎人类前途命运的重大问题，是习近平外交思想的核心理念，是习近平新时代中国特色社会主义思想的重要组成部分，是引领新时代中国特色大国外交的行动指南。人类命运共同体思想继承和发展了新中国不同时期重大外交思想和主张，反映了中外优秀文化和全人类共同价值追求，适应了新时代中国与世界关系的历史性变化，展示了中国作为世界和平建设者、全球发展贡献者、国际秩序维护者的良好形象，为推动完善全球治理、建设更加美好的世界指明了正确的方向。

构建人类命运共同体，建设持久和平、普遍安全、共同繁荣、开放包容、清洁美丽的世界，是一个历史过程，不可能一蹴而就、一帆风顺，需要一步一步沿着正确道路前进。

环节三 议题论证：展现大国担当

分议题3：中国为构建人类命运共同体展现了怎样的大国担当？

【议题情境】改革和完善全球治理的中国担当。

“我们要坚持走多边主义道路，维护以联合国为核心的国际体系。全球治理应该秉持共商共建共享原则，推动各国权利平等、机会平等、规则平等，使全球治理体系符合变化了的世界政治经济，满足应对全球性挑战的现实需要，顺应和平发展合作共赢的历史趋势。”在第七十五届联合国大会一般性辩论上，习近平主席阐明中国立场主张，为全球治理体系变革提供新思路。

推动构建人类命运共同体，正是中国为应对全球性挑战、改革和完善全球治理提出的系统性解决方案。习近平主席在多边舞台上深入阐述人类命运共同体的构建路径。在上合组织成员国元首理事会第二十次会议上，首次在上合组织框架内提出构建“卫生健康共同体”“安全共同体”“发展共同体”“人文共同体”的重大倡议；在亚太经合组织第二十七次领导人非正式会议上，首次系统阐述构建开放包容、创新增长、互联互通、合作共赢的亚太命运共同体；在第十七届中国-东盟博览会和中国-东盟商务与投资峰会开幕式上，为新形势下建设更为紧密的中国-东盟命运共同体提出重要倡议。

坚持多边主义、完善全球治理，中国是积极的倡导者，更是坚定的践行者。力争2030年前二氧化碳排放达到峰值，努力争取2060年前实现碳中和；将设立第三期中国-联合国粮农组织南南合作信托基金，中国-联合国和平与发展基金将在2025年到期后延期5年……一项项务实举措赢得国际社会广泛赞誉。联合国秘书长古特雷斯指出，中国是多边主义的支柱，在国际和地区事务中发挥的作用越来越大。

【议学活动】商议中国是如何践行人类命运共同体理念的。

【设计意图】通过展示中国改革和完善全球治理的生动实践，中国以实际行动为经济全球化注入了新动力，为各国分享中国机遇创造了有利条件，为促进世界经济企稳复苏和实现共同发展注入了中国力量。中国重视各国合理安全关切，积极向国际社会提供制度性公共产品。中国积极应对气候变化，促进高水平的全球经济社会可持续发展，共同寻求人与自然共生共存的绿色之路，建设生态文明和美丽星球。作为一个负责任大国，中国在推动全球治理改革中发挥了表率作用。

【议学提示】构建人类命运共同体是引领世界大变局发展方向的人间正道。面对国际形势的新动向新特征，习近平主席提出一系列新理念新倡议，深刻阐述积极应对全球性挑战的中国主张和中国方案，不断丰富完善构建人类命运共同体的思想体系，深刻体现了中国同各国一道建设更加美好世界的坚定决心和使命担当。构建人类命运共同体，反映了中国人民和各国人民的共同心声，凝聚着国际社会的广泛共识，其深远影响随着中国和世界的发展进一步得到彰显。

环节四 议题延伸：担负青春责任

分议题4：新时代中国青年应为构建人类命运共同体贡献哪些力量？

【议题情境】2017年1月18日，习近平在联合国日内瓦总部发表的题为《共同构建人类命运共同体》的主旨演讲，指出："构建人类命运共同体是一个美好的目标，也是一个需要一代又一代人接力跑才能实现的目标。中国愿同广大成员国、国际组织和机构一道，共同推进构建人类命运共同体的伟大进程。"

【议学活动】开展"构建人类命运共同体　负起青春责任"演讲会，请同学们撰写演讲稿提纲。

【设计意图】青年是推动社会进步的重要力量，承载着时代的使命。构建人类命运共同体美好目标的实现，需要青年一代添砖加瓦，肩负起承前启后、继往开来的青春责任。新时代青年应志存高远，以人类命运共同体为引领和规范，树立远大理想，与时代同行。

【议学提示】党的二十大报告指出："中国始终坚持维护世界和平、促进共同发展的外交政策宗旨，致力于推动构建人类命运共同体。"要树立全球视野，国际关系的健康发展、全球治理的良性推进、世界的和平与发展、人类命运共同体的构建等都需要一代又一代青年的接续努力；要厚植人类情怀，新时代青年既要担负起修身齐家的责任，也要有治国平天下的抱负，将“青春梦”与“中国梦”“世界梦”紧密相连，把人生理想融入国家前途、人类命运，将人格追求与社会需要相统一，以此实现人生价值，升华人生境界；要坚持与时俱进，新时代青年应跟上时代的步伐，在思想上、理论上与时代同进步，以正确认识社会发展规律，正确认识国家、民族、人类的前途命运和自己的社会责任。要在实践中充分把握世界大发展大变革大调整带来的机遇，应对不稳定不确定因素带来的危机和挑战，不断自我完善、自我发展；新时代青年同时代共同前进，要勇于担当时代赋予的历史责任，吸纳人类命运共同体理念融突和合的精神和创新思维，在各种文明交流碰撞中，以包容互鉴的心态，促进文明的交融，用新思想新思维提升新担当，实现新作为。

八、课外活动

登录人民网，查阅习近平一年来出席重大国际会议的有关报道，制作以“中国智慧的生动实践”为主题的展板。

九、教学反思

本设计围绕“如何构建人类命运共同体”总议题，分成四个环节，展开四个分议题：当今世界正经历怎样的百年未有之大变局、如何正确理解人类命运共同体的基本内涵、为构建人类命运共同体中国展现了怎样的大国担当、新时代中国青年应为构建人类命运共同体贡献哪些力量。每一个分议题的解决都通过创设情境、开展活动来实现，步步深入，尤其结合国际抗疫中的中国担当，积极推动构建人类命运共同体，展现了负责任大国的形象。最后，联系青年学生实际，以撰写演讲稿提纲的形式，引导学生积极担当时代赋予的历史责任，实现新作为。环节三“议题论证：展现大国担当”中使用“改革和完善全球治理的中国担当”的案例，对于支撑教材中的观点稍显不够充分。

第四部分 大学“马克思主义基本原理”

第一章《世界的物质性及发展规律》

第二节《事物的普遍联系和变化发展》

□齐鲁工业大学 滕培圣

一、教材分析

本课教学设计主要涉及第二节的“矛盾的同一性和斗争性”知识点的教学。教材系统阐释了矛盾的定义、矛盾的基本属性、矛盾的同一性和斗争性的含义及其辩证关系，阐明了矛盾的对立统一属性在事物发展中的重要作用，以及如何运用矛盾的同一性和斗争性原理指导实践等内容。本设计主要探讨矛盾的同一性和斗争性的观点与构建人类命运共同体的关系。

二、学情分析

从认知结构来看，学生对“矛盾”这个词并不陌生，但理解并不准确，不清楚形式逻辑所讲的“矛盾”与辩证法所讲的“矛盾”的区别。学生也很熟悉“构建人类命运共同体”的倡议，但是本课所涉及“矛盾的同一性和斗争性的观点与构建人类命运共同体的关系”的相关内容，学生的哲学知识储备不足。

从思维特点来看，大学生能够比较理性地看待生活和学习中遇到的具体现象和问题，可以对一些复杂的问题作出相应的判断，但不会去探究该判断背后更深层次的哲学依据。

从情感特点来看，大学生对于社会问题和社会现象已经形成了自己的思考和评判标准，且自尊心和好胜心强，对自己的观点也较为坚持。

三、教学目标

1. 知识目标：理解矛盾的两个基本属性及其含义，掌握矛盾的同一性和斗争性的辩证关系原理。

2. 能力目标：通过阐述对立统一规律作为唯物辩证法的实质与核心，正确认识矛盾分析法是认识事物的根本方法，探究矛盾的同一性和斗争性与构建人类命运共同体的内在联系，增强运用辩证唯物主义世界观和方法论分析问题和解决问题的能力。

3. 情感、态度、价值观目标：通过对矛盾的同一性和斗争性辩证关系原理的系统学习，引导学生深刻理解构建社会主义和谐社会和人类命运共同体的哲学基础、深刻内涵和重大意义，增强学生的价值认同和政治自信。

四、教学重点难点

1. 教学重点：矛盾的同一性和斗争性及其辩证关系。

2. 教学难点：正确把握和谐的内涵与作用，矛盾的同一性和斗争性辩证关系原理与构建人类命运共同体的关系。

五、教学方法

教学方法有辨析式教学法、互动式教学法、讨论式教学法等。

六、教学过程

【导入】以“自相矛盾”的漫画导入矛盾的概念，指出漫画中的矛盾是逻辑矛盾，并非辩证法中所讲的矛盾，引导学生对逻辑矛盾和辩证矛盾进行辨析，引出第一个问题：什么是矛盾？

请几位同学分享他们所找到的关于矛盾的事例。

【教师评价并作出总结】唯物辩证法所说的矛盾是反映事物内部和事物之间对立统一关系的哲学范畴。简而言之，既对立又统一，这就是矛盾。理解这个概念，要注意三点：一是矛盾是个哲学范畴，要与我们生活实践中的矛盾区分开来；二是这个哲学范畴是对现实事物矛盾的反映，离不开现实的矛盾；三是矛盾的核心是对立统一关系。

【过渡】为了便于大家理解，教师把矛盾统一体内部对立的双方用中国哲学的语言概括为“阴”“阳”。那么，阴阳又是什么关系呢？是既对立又统一的关系。

1. 矛盾的同一性和斗争性的含义

【提出问题】如何理解对立统一呢？

教师分享关于开展党史学习教育的相关图片，引导学生思考中国共产党长期警惕、居安思危背后所蕴含的哲学原理。

【教师总结】中国共产党开展党史学习教育，是要教育引导全党在开启新征程的关键时刻继续发扬彻底的革命精神，坚持全面从严治党永远在路上，保持“赶考”的清醒，使各级党员领导干部增强忧患意识，做到居安思危、知危图安。其中关于安与危的阐述，就非常典型地包含了矛盾双方的对立统一关系。

对立和统一、同一性和斗争性是任何矛盾都固有的两种相反而又相成的基本属性。

（1）矛盾的同一性

矛盾双方相互依存、互为条件。

【案例】一块磁铁的南北两极互相对立。如果沿着中心线把一块磁铁锯成两半，能得到一块南极的磁铁、一块北极的磁铁吗？不能，因为我们得到的两块磁铁，每一块都有南极和北极。把它们再分别锯成两半，结果还是一样。如此不断分割，每块磁铁都不会改变这种状况。那么，能否使北极消失呢？可以，那就是退磁。不过，退磁以后，北极没有了，南极也就没有了。

因此，矛盾着的对立面之间是相互贯通的，也就是说“祸兮福所倚，福兮祸所伏”。

（2）矛盾的斗争性

教师需要指出，作为哲学范畴的斗争与作为社会政治生活用语的斗争，既有联系又有区别，不能把二者混淆起来。

2. 矛盾的同一性和斗争性的辩证关系

大家注意，刚才我们分别讲了矛盾的两个基本属性，但是我们要明白，同一性和斗争性本身也存在对立统一的关系（展示阴阳鱼太极图）。

要求学生思考并讨论阴阳鱼太极图所表达的含义，引导学生认识矛盾的两个基本属性的辩证关系。

图 4-1　阴阳鱼太极图

【教师总结】矛盾的同一性和斗争性是矛盾的两种基本属性，二者既是相反的，又是相成的。这两种基本属性相互联结、不可分割。一方面，矛盾的同一性不能脱离斗争性而存在，同一是包含着差别和对立的同一；另一方面，矛盾的斗争性也不能脱离同一性而存在，斗争性总是以同一性为前提和基础的，斗争性寓于同一性之中。矛盾双方的关系就像阴阳鱼太极图，阴阳之间既有对立又有互补，二者相互依存、相互渗透。

【学生思考】刚才我们重点讲解了矛盾具有同一性、斗争性两个基本属性及其辩证关系，那么在我们观察事物和处理问题的时候，应该怎样把握矛盾同一性和斗争性的辩证关系呢？

矛盾的同一性和斗争性的辩证关系原理要求我们，在观察事物和处理问题时，必须善于把两者结合起来，在对立中把握统一、在统一中把握对立，做到同中求异、异中求同，学会辩证思维。

3. 矛盾的同一性和斗争性的辩证关系与构建人类命运共同体

【讨论互动】党的二十大报告指出："构建人类命运共同体是世界各国人民前途所在。万物并育而不相害，道并行而不相悖。只有各国行天下之大道，和睦相处、合作共赢，繁荣才能持久，安全才有保障。"引导学生思考，如何运用矛盾的同一性和斗争性的辩证关系原理理解这段话。

在学生进行充分思考与交流后，请学生分享自己的观点，教师进行概括：国家间的冲突与矛盾无论是隐还是显，往往只具有消极和破坏作用，导致国际矛盾、冲突和对抗，进而引起国际社会的分裂与争斗。习近平提出"构建人类命运共同体"的设想，体现了巧妙运用唯物辩证法解决实际问题的独创之处。构建人类命运共同体并不是要求国家间毫无原则地妥协和退让，而是提出潜在的分歧和冲突并进行深入的理解与沟通，以寻求最佳解决方案，继而减少分歧和分化，做到同中求异、异中求同，逐步实现融合与统一。构建人类命运共同体是矛盾的同一性和斗争性的辩证关系原理在实际生活中的灵活运用和生动体现。

在不同条件下，矛盾的同一性和斗争性二者所处的地位有所不同。无论是同一性还是斗争性，都不能孤立地存在和发挥作用，只有在二者的有机结合中才能实现对事物发展的推动作用。

因此，运用矛盾的同一性和斗争性原理指导实践，还要正确把握和谐对事物发展的重要作用。

【探究合作】结合矛盾的同一性和斗争性原理，探讨和谐与构建“人类命运共同体”的关系？

【视频播放】新冠肺炎疫情是近百年来人类遭遇的影响范围最广的全球性大流行病，对全世界是一次严重危机和严峻考验，人类生命安全和健康面临重大威胁。国际社会应以人类安全健康为重，秉持人类命运共同体理念，携手加强国际抗疫合作。

学生课前分组收集相关国家的新冠疫情资料，分别扮演中国、美国、日本、印度、世界卫生组织角色，在模拟世界卫生组织召开新冠疫情国际合作倡议大会的过程中各自以国家立场和国际合作立场分享疫情防控和救治经验，并探讨后续抗疫举措。

教师要及时把控学生的讨论方向，并进行引导：

和谐之所以美妙，是因为它不是简单的“同一”，而是包含差别、矛盾、多样性的协调和统一。事物是多样性的统一，和谐的本质就在于协调事物内部各种因素的相互关系，促成最有利于事物发展的状态。

新冠肺炎疫情的全球大流行表明，人类是一个休戚与共的命运共同体。习近平总书记多次提及，病毒没有国界，疫情不分种族。在应对这场全球公共卫生危机的过程中，构建人类命运共同体的迫切性和重要性更加凸显。

构建人类命运共同体不是说完全没有矛盾或彻底消除矛盾，而是建设能够有效协调各种矛盾关系的国际社会，建设各种矛盾关系在博弈过程中共同成长的和谐社会。人类命运共同体意味着各国之间既彼此尊重、和而不同，又能够携手合作、同舟共济。

【课堂小结】本讲内容中，学生需重点掌握两个关系，即矛盾的同一性和斗争性的辩证关系、矛盾的同一性和斗争性与构建人类命运共同体的关系。

七、课外活动

带领学生赴莱芜战役纪念馆进行调研，通过对鲁中抗日战争纪念馆和莱芜战役纪念馆的参观和讲解，了解抗日战争中全民族团结抗战和国际社会给予支援的故事，结合国共两党合作与分裂的历史说明同舟共济、团结协作的重要性和必要性，明确构建人类命运共同体的重大战略意义。

八、教学反思

本设计以矛盾的对立统一为主线，阐述了构建人类命运共同体的重要意义，主要遵循全面发展的理念、素质教育的理念和主体性理念，一方面鼓励和支持学生在课堂上与老师、同学交流观点，培养学生独立思考的习惯，把握学习的主动性；另一方面培养学生运用辩证思维的习惯，能一分为二地看问题，在日常学习和以后的工作中形成辩证的思维方法，促进学生的全面发展。

总体上，本框题教学难度大，内容较为抽象，学生自主探究存在一定的难度，因而在教学设计中尽量采用常见的范例辅助理解，将教师讲授引导和学生思考交流相结合。教学过程中，主要存在教师讲解多、学生主动性不够强的问题，在以后的备课中要进一步精心筛选素材，尽可能促进学生多思考、多发言。

主题五

提升发展质量　共享发展成果

第一部分 小学“道德与法治”

四年级下册第二单元《做聪明的消费者》

第五课《合理消费》

第一课时《那些我想要的东西》

□ 济南市燕柳小学 郑斌

一、课标要求

《义务教育道德与法治课程标准》(2022 年版) 第四部分“课程内容”第二学段学习主题“道德教育”内容要求“学习合理消费、勤俭节约的途径和方法，明白劳动创造财富的道理”。

二、教材分析

《那些我想要的东西》是《道德与法治》(部编版) 四年级下册第二单元第五课《合理消费》第一课时的教学内容，本课共包括两个主题，分别是“那些我想要的东西”和“学会合理消费”，主要从学生内在的购物需求入手，引导学生反思自己的购物要求，培养学生合理比较、自我控制的能力，并进一步引导学生学会合理开支与消费，避免过度消费。

第一课时《那些我想要的东西》从学生想要的东西入手，引导学生从多个角度反思自己向父母提出的购物要求是否合理，从而分辨合理与不合理的购物要求。同时，从方法上引导学生学会合理比较、自我克制，理性作出购物选择。

三、学情分析

当今社会中的拜金主义、享乐主义对家庭教育和学校教育都产生了严重的负面影响。有的父母以提供优越的物质条件作为疼爱孩子的主要方式，导致孩子的物质欲望不断膨胀；有的父母以物质奖励作为鼓励的重要手段，容易造成孩子片面地以追求物质利益为学习动机；有的父母花钱大手大脚，不知节制，孩子也容易沾染铺张浪费的习气。

由于心智尚不成熟和缺乏生活经验，四年级学生易受外界影响，在购物时往往缺乏独立的判断能力。他们有时会被商品的包装所吸引，有时会因为同伴买了某种商品而盲目攀比，有时受广告、动画片、流行读物等的影响，凭直觉提出购买要求而没有考虑实际需求。因此，引导学生学会合理消费，树立科学合理的消费观，养成节俭的消费习惯，是本节课学习的重点。

四、教学目标

1. 懂得“想要”和“能要”的区别，能够分辨合理与不合理的购物要求。

2. 学会克制不合理购物要求的基本方法，理性作出购物选择。

3. 初步树立理性消费、勤俭节约的意识。

五、教学重点难点

1. 教学重点：辨别出自己的购物要求是否合理，反思和调整自己的购物要求。

2. 教学难点：学会克制不合理购物欲望的方法，初步树立理性消费、勤俭节约的意识。

六、教学方法

教学方法有情景设置法、问题研究法、对话引导法、合作探究法。

七、教学过程

环节一 谈话激趣，导入新课

（一）创设情境，导入新课

展示学校附近大型超市货架、小卖部货架图，引导学生交流日常购物体验，明白生活中离不开消费。

（二）交流并揭示课题

我们想要的东西到底该不该买呢？你的购物需求是否合理呢？这节课，我们就来聊聊“那些我想要的东西”。（板书课题：那些我想要的东西）

【设计意图】从学生日常生活中最常见的购物场景引入，既激发学生兴趣，又巧妙地导入课题，引出关于“那些我想要的东西”的话题。

环节二 调查分享，了解近期购物愿望

1. 课前进行“心愿卡”小调查，在卡上“写出近期特别想要的东西以及理由”

表 5-1 心愿卡

心愿卡 （请你写出近期特别想要的东西以及理由）	
我想要	理由

2. 展示全班同学心愿卡调查情况汇总表

（1）引导学生将心愿卡上想要的物品进行梳理，并分类汇总。

想买的东西：食品类 如__________有____同学，占____%

书籍类 如__________有____同学，占____%

文具类　如__________有____同学，占____%

玩具类　如__________有____同学，占____%

其他类　如__________有____同学，占____%

（2）交流：我们的购买愿望，爸爸妈妈都会满足吗？猜一猜，说说原因。

（3）小结：当我们提出购物需求时，父母不一定会完全满足，他们会根据具体情况作出决定。

环节三　立足生活，明确什么是合理消费

1. 小组探究，初步辨析购买理由是否合理

（1）小组合作，选择一类想要购买的典型物品，分析购买理由是什么？

（2）思考、讨论：购物要求合理吗？为什么？汇总小组观点，简要记录。

2. 师生交流，分辨哪些消费是合理的

各组汇报小组观点，说明理由，教师追问、引导并小结。

（1）食品类

分析食品包装袋上的配料表和营养成分表，并引导学生发现，心愿卡上列举的“好吃”的零食多数为高油分、高盐分、高热量的食品，有的甚至是“三无产品”。借助观看饮食营养、安全介绍视频，明白“想要不等于需要，更不等于能要”，“不利于健康成长”的物品不能要。

（2）文具类

活动一：常用文具选购会。

【活动要求】分别在价格相同、包装程度不同和质量不同以及质量相似、价格相差较大的多组文具中进行2选1选购，并说明选择理由。

【小结】购买学习、生活用品时物美价廉更贴心。

活动二：小茜的故事。

【展示图片】展示课本上书包的案例图片。

【活动交流】如果你是小茜的爸爸妈妈，听到这样的理由，你会同意给吗？

【小结】购买物品确实需要才是必需品，价格过于昂贵的不能要，盲目攀

比的心态不能有。

（3）书籍类

借助“双十一书籍促销”事例，分组开展辩论，使学生明白不要因过度关注促销而陷入消费陷阱，“有钱不买半年闲”；借助个例分析，让学生了解“合理”是因人而异、因情况而异的，购买理由是否合理也要具体情况具体分析。

（4）玩具类

借助“小玩具伤人”等生活事例，引导学生关注日常小玩具安全问题，知道不应购买未经过相应质量检测部门检验的玩具；借助“抽盲盒”事例，引导学生明白，如果购买同类玩具或物品过多，既浪费了父母的血汗钱，又增加了家庭的不必要开支。

（5）其他类

其他种类因包含的物品比较分散，我们就不一一分辨了，下课后请同学们用刚学过的方法，帮助这些同学进行一个简单的分析。

3. 倾听家长心声，体会家长的辛劳

（1）展示本班家长视频、音频。

（2）教师小结：是啊，在我们的生活中，并不是所有要求都会得到满足，我们要体谅父母，他们每天都要努力工作，为家庭操劳。他们既要养育我们，又要照顾老人。当我们想要购买物品的时候，要多考虑实用性，不浪费、不攀比，多想想父母的艰辛。

【设计意图】“道德与法治”课的学习旨在引导学生关注生活、反思生活。本环节将学生真实生活的实际购物愿望作为学习的重要资源，在讨论辨析“心愿卡”的过程中，引导学生学会辨别哪些购物要求是合理的；通过倾听家长心声，引导学生懂得体贴父母，学会从家庭的角度反思自己的购物要求。

环节四 知行合一，树立合理消费观念

1. 反思修正，修改心愿卡

（1）思考：听完了父母的心声，再次回看心愿卡，你有没有想改动的

地方？

（2）分享：小组内交流，为同学们提出修改意见。

（3）交流：你修改了什么心愿？为什么这样修改？仍然坚持的心愿是什么？

2. 总结归纳，强化合理消费意识

（1）引导学生进行总结，哪些是合理要求、哪些是不合理要求，并通过板书展示内容。

【合理要求】生活必需品、有利于我们成长……

【不合理要求】价格过于昂贵、增加家庭负担、重复购买不能物尽其用……

（2）展示特殊心愿卡。

【心愿一】我想购买一部新的手机，作为礼物送给奶奶，因为她一个人住，平时没有人陪伴，我可以用新手机和她视频，逗她开心。

【心愿二】我想拿出所有的零花钱，买成食物送给负责动物管理的人，这样冬天就会少一些挨饿的小狗了。

（3）思考：这样的心愿“合理”吗？

（4）教师小结：有时候，我们想买的东西不一定是我们最需要的，我们要通过思考、分析、选择合理的要求，作出正确的购物选择。

【设计意图】以“修改心愿卡”为依托，引导学生借助前面的学习内容分辨自己的愿望。在交流、总结“合理”与“不合理”的原因中，强化学生的认知，初步形成正确的消费观。

3. 联系生活，学习克制不合理消费的方法

（1）思考：在日常生活中如何控制购物欲望？

（2）交流分享控制购物欲望的小窍门。

（3）教师小结：生活中，面对那些明知不应该要、但心里特别想要的东西时，我们可以通过合理比较、转移注意力等方法。

【设计意图】本环节从学生的生活出发，引导学生结合日常生活实际，交流克制不合理购物欲望的方法，学会作出理性的选择。

环节五 **总结收获，课外延伸**

1. 课堂总结

通过本节课的学习，我们知道了每个人都有许多自己想要购买的东西，但“想要”不等于“需要”，更不等于“能要”。在生活中，我们要学会辨别什么是合理消费，从而理性作出购物选择。

2. 课后延伸

引导学生将自己特别想要的物品记录在“购物心愿”的储蓄卡中，通过设计自己的心愿储蓄计划，做好合理消费规划。

八、板书设计

那些我们想要的东西	≠ “需要” “能要”	合理的消费 有利于我们健康成长 生活必需品 需要且家庭条件允许 物尽其用不浪费 ……

九、课后反思

四年级学生有自己的购物要求，但是时常无法区分哪些是合理的、哪些是不合理的，本节课的教学重点在于引导学生调整消费认知，学会合理消费，形成正确的消费观念。

1. 立足于学生生活，将学生生活经验作为教学重要资源

本节课的设计借助填写心愿卡的方式，从学生现实生活中的各种需求入手，在唤醒学生已有生活经验的同时，引导学生观察现实中的消费行为，总结和思考不同消费行为带来的后果，从而帮助学生对“什么是实际需求”形成明确的概念和认识。

2. 知情行有效统一，层层推进“合理消费”的教学内容

本课采用学生乐于和易于接受的形式，以“心愿卡”为线索，通过“说明购物心愿”“分辨何为合理消费”“修改购物心愿”串联整节课，循序渐进地推进教学。

“知”：辨析心愿、分享经验等环节，能充分发挥同学之间影响力的作用，调动学生主动性，在讨论辨析中学生初步学会如何区分合理与不合理的购物要求，知道合理的要求不仅有物质方面的，还有精神方面的，消费理念得到了提升。

“情”：角色扮演、家长的心里话等环节，使学生进一步了解父母工作的艰辛，懂得体贴父母，学会从家庭的角度反思自己的购物要求。特殊心愿卡等环节更是引导学生从社会责任层面反思自己的购物需求。

“行”：学生初步学会克制不合理购物需求的方法，提高了自控能力，积累了生活智慧。

在教学实施中，教师试图以学生的生活为课堂施力点。但不同学生对于消费的理解不同，在交流过程中还应针对不同学生的不同情况进行讲解，以便于本节课教学目标的实现，有效提升教学实效。

第二部分 初中“道德与法治”

- **九年级上册第一课《踏上强国之路》**

  第一框《坚持改革开放》

  第二框《走向共同富裕》

- **九年级上册第二课《创新驱动发展》**

  第二框《创新永无止境》

- **九年级上册第六课《建设美丽中国》**

  第一框《正视发展挑战》

- **九年级上册第八课《中国人 中国梦》**

  第二框《共圆中国梦》

□山东省济南燕山中学 俞立颖

一、课标要求

《义务教育道德与法治课程标准》（2022 年版）第三部分“课程目标”中核心素养之“政治认同”第四学段要求“了解中国共产党带领中国人民进行革命、建设、改革的历史性成就”“了解我国决胜全面建成小康社会取得的决定性成就和全面建设社会主义现代化强国的新征程”“了解中国特色社会主义制度的优越性，坚定道路自信、理论自信、制度自信、文化自信”“理解中国梦的内涵，树立为中华民族伟大复兴而奋斗的理想”。

二、教材分析

本课教学选题主要包含三部分内容，分别是“忆往昔，增强发展信心”“看今朝，明确发展主题”“展未来，续写发展辉煌”。第一部分介绍了我国社会主义现代化建设与发展取得的新成就，第二部分解读了当前我国推进高质量发展的内涵及要求，第三部分梳理了未来我国实现高质量发展的主要路径。以上三部分教学内容，有机整合了九年级上册教材内容，以中国“矢志发展谱新篇”为教学主题，沿着“过去”“现在”“未来”的时间轴，系统梳理了有关我国发展的一系列问题。

三、学情分析

绝大多数九年级学生了解我国社会主义现代化建设与发展所取得的巨大成就，已经具备初步的观察、感知和表达能力，初步确立起国家认同感、民族自豪感与自信心。根据九年级学生这些现有能力和情感态度价值观，通过创设相关教学情境，引领其自主探究，可以提高课堂效率，避免不必要的无效灌输。但是，受年龄和经验的限制，九年级学生对我国坚持高质量发展的内涵及要求以及如何全面推进高质量发展等问题缺乏深入分析，需要教师加以引领，才能达到更加全面的认知和理解，进而增强为推动我国高质量发展、实现中华民族伟大复兴中国梦而不懈奋斗的使命感。

四、教学目标

1. 探究分享我国十年亮眼成绩所引发的启示，深刻理解党的领导、中国制度、中国力量、中国精神的价值，坚定“四个自信”，增强发展信心。

2. 解读“十四五”规划词云图，直观感受今日中国推动高质量发展的宏伟蓝图。借助话题探究，思索、分析、解读高质量发展的内涵。

3. 分析2022年“两会好声音”，直观了解全面推进高质量发展的具体策略，明确未来中国的发展路径，涵养助力未来中国发展的担当意识和历史使命感。

五、教学重点难点

1. 教学重点：增强发展信心，明确发展路径。

2. 教学难点：续写发展辉煌。

六、教学方法

教学方法有任务驱动教学法、问题探究式教学法、讨论式教学法、启发式教学法。

七、教学过程

【导入】小游戏“看数字，猜成就”。

“9899”“832”“12.8”这三个数字关联着我国取得的一项巨大成就，分别是什么？

【学生交流】略。

【教师小结】2021年2月25日，习近平总书记在全国脱贫攻坚总结表彰大会上庄严宣告：经过全党全国各族人民共同努力，我国现行标准下9899万农村贫困人口全部脱贫，832个贫困县全部摘帽，12.8万个贫困村全部出列，完成了消除绝对贫困的艰巨任务。脱贫攻坚战的全面胜利，助力我国圆满实现了全面建成小康社会的第一个百年奋斗目标。回望过去，我们国家还取得了哪些骄人的发展成就？注目今朝，今天的中国，正在埋首躬耕致力于实现什么样的发展？展望未来，中国怎样才能再创发展新辉煌？让我们带着对这些问题的思索，共同走进本节课的学习。

【设计意图】利用中学生天性好奇的心理特点，设计“看数字，猜成就”的小游戏，不仅将我国脱贫攻坚战取得全面胜利的时政热点巧妙引入课堂，吸引了学生的注意力，激发了学生对本课探索学习的兴趣，而且营造了自然轻松的课堂氛围，从而达到“课伊始，趣亦生”的良好教学效果。

环节一 忆往昔，增强发展信心

【教师过渡】2022年10月，中国共产党第二十次全国代表大会在北京召开。回望党的十八大以来的这十年，我国建设和发展取得了哪些令人赞叹的傲人成就？让我们将目光首先转向国际舞台，看看国际视角下的中国发展成就。

【播放视频】国际视野下的中国经济成就。

【探究分享】(1) 这十年中国经济向世界交出了一份怎样的成绩单？

（2）这十年的中国，除了经济持续发展，还交出了哪些亮眼的成绩单？

【学生活动】分组展示这十年中国在经济建设、政治建设、文化建设、社会建设以及生态文明建设等方面的瞩目成就。

【教师小结】回首这十年，我国改革开放实现重要突破，民主法治建设迈出重大步伐，科技创新取得重大进展，生态文明建设全面推进，民生得到有力保障，社会主义中国交出了一份人民满意、世界瞩目、可以载入史册的答卷。

【探究分享】中国这十年交出如此亮眼的成绩单，给我们哪些启示？

【教师小结】事实无可辩驳地告诉我们：党的坚强领导是风雨来袭时最可靠的主心骨，中国特色社会主义制度是抵御风险挑战的根本保证，中国人民团结奋斗的洪荒伟力是战胜艰难险阻的力量源泉，生生不息的民族精神是凝心聚力的强大力量。我们坚信，在伟大的中国共产党的带领下，全国各族人民勠力同心，砥砺奋进，必将战胜各种艰难险阻，取得更大的发展成就。

【设计意图】选取党的十八大至党的二十大十年间中国经济发展成就作为本环节教学切入点，通过组织学生观看典型视频，一方面帮助学生从国际视角直观感受中国发展的重要成就，增强对国家的政治认同，增强民族自信与自豪；另一方面引领学生初步感知我国排除万难谋求发展的坚定信念和决心。在此基础上，通过组织学生多角度挖掘、展示这十年我国在各领域取得的建设与发展成就，既能有效发挥学生的主体作用，锻炼并提升其搜集获取信息的能力及语言表达能力，又能进一步增强学生对国家的政治认同，增强民族自信。通过组织学生探究分享我国亮眼成绩所引发的启示，帮助学生深刻理解中国共产党的领导、中国制度、中国力量、中国精神的价值，从而坚定“四个自信”，增强发展信心。

【教师过渡】走过2020，迈入2021。这一年，我们迎来了中国共产党成立100周年；这一年，也是“十四五”开局之年，是全面建设社会主义现代化国家新征程开启之年。实践不断推进，社会不断发展，认识也在不断深化。今天的中国，在发展路径的选择上，发生了哪些变化？

环节二 看今朝，明确发展主题

【多媒体展示】“十四五”发展规划词云图。

【探究分享】(1) 从这张图片中，你捕捉到哪些有关“十四五”发展规划的高频词？

(2) 这些高频词，表明我国当下正在谋求怎样的发展？

【教师小结】“十四五”规划词云图充分彰显了今日中国全力以赴推进高质量发展的坚定信念和决心。

【教师过渡】什么是高质量发展？我们先来看看几位同学的观点。

【多媒体展示】

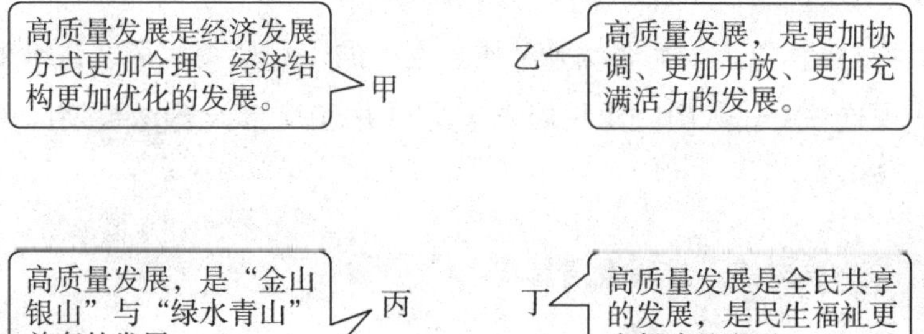

图 5-1 高质量发展之我见

【探究分享】你如何评价这些同学的观点？你对高质量发展有什么认识？

【教师过渡】大家分别从个人的视角诠释了自己眼中的高质量发展。那么，对于高质量发展，习近平总书记是如何定义和解读的呢？

【多媒体展示】重温总书记重要讲话。

2021 年 3 月 7 日，习近平总书记在参加十三届全国人大四次会议青海代表团审议时指出，高质量发展是“十四五”乃至更长时期我国经济社会发展的主题。高质量发展“不只是一个经济要求，而是对经济社会发展方方面面的总要求”，“不是只对经济发达地区的要求，而是所有地区发展都必须贯彻的要求”，“不是一时一事的要求，而是必须长期坚持的要求”。

【探究分享】习近平总书记对于“高质量发展”的阐述传递出哪些信息？

【教师小结】随着我国社会主要矛盾转化为人民日益增长的美好生活需要和不平衡不充分的发展之间的矛盾，过去那种低水平的、粗放式的发展，在各行各业都难以为继了。今天的中国，“高质量发展”必须贯彻到我国经济社会发展的各个领域，所有地区都必须长期坚持走高质量发展道路。

【设计意图】从“十四五”规划这一时政热点入手，准确把握时政热点与教材知识的连接点，在课堂教学中运用信息技术，借助图文并茂的“十四五”规划词云图，引领学生直观感受今日中国推动高质量发展的宏伟蓝图。借助贴近学生实际的话题探究，结合习近平总书记的相关论述，层层递进引导学生思考、分析、解读高质量发展的内涵。这一环节，不仅丰富了现有教材的相关阐述，也实现了教材内容的有机整合，从宏观上引领学生全面认知今日中国的发展主题，为后续环节三的教学奠定了基础。

【教师过渡】以上我们明确了高质量发展的宏伟蓝图，那么，未来中国怎样才能实现这一宏伟蓝图？让我们先来听一听2022年全国两会期间来自代表和委员们的声音。

环节三　展未来，续写发展辉煌

【多媒体展示】“两会好声音”。

要推动“专精特新”企业实现更高层次、更高质量发展，首先要提升智能制造水平。用数字化、智能化，为“专精特新”企业注入发展新动能。企业在导入数字化、智能化新装备的同时，要强化对原有设备的数字化、智能化改造，从“制造”向“智造”转型。

——全国人大代表　曹宝华

建议在长江流域19个省（直辖市、自治区）禁止含磷洗涤用品销售，有效减少生活源磷排放。一是立法在长江流域省（直辖市、自治区）禁止销售含磷1.1%以上的洗衣粉。二是加强洗涤行业市场监管。加大市场洗衣粉产品质量抽查力度，依法依规进行处罚，促使各行业对含磷洗涤用品不进、不存、不销、不用。三是加快洗涤行业绿色化、环保化、高质化发展。四是开展洗涤用品无磷化宣传。

——全国政协委员　潘碧灵

【探究分享】结合代表和委员们的声音，谈一谈未来我国如何实现高质量发展。

【学生活动】填写加油卡——我为祖国发展献一策。

【教师小结】踏上新征程，要自觉贯彻创新、协调、绿色、开放、共享的新发展理念，全面深化改革，扩大对外开放，坚持创新驱动发展，厚植生态底色，增进民生福祉，确保全民共享。未来中国，必将在矢志不渝谋求高质量发展的道路上谱写更加华丽精彩的篇章！

【设计意图】立足学生已有的知识储备，借助2022年两会好声音的传达，引领学生直观了解全面推进高质量发展的具体策略。在此基础上，通过交流分享，帮助学生进一步明确未来中国的发展路径，涵养其助力未来中国发展的担当意识和历史使命感。

【教师总结】今天的中国，已然昂首阔步踏上全面建设社会主义现代化国家的新征程。立足新发展阶段，贯彻新发展理念，构建新发展格局，中国特色社会主义航船必将乘风破浪、行稳致远！

八、课外活动

习近平总书记指出，各地区要结合实际情况，因地制宜、扬长补短，走出适合本地区实际的高质量发展之路。响应总书记的号召，请你为家乡如何走出适合本地实际的高质量发展之路出谋划策。

九、教学反思

本课教学选题立足九年级学情和当代中国发展实际，在认真分析九年级上册《道德与法治》教材的基础上，有机整合教材相关内容，选题基于教材，而又不囿于教材。本课通过“忆往昔，增强发展信心”“看今朝，明确发展主题”以及“展未来，续写发展辉煌”三个序列化的教学环节设计，力求突出思想性、理论性和针对性。此外，本课准确把握党的二十大与教材知识的连接点，秉持“以学生为本”的教学理念，坚持教师主导作用与学生主体地位的有机统一，在课堂教学中运用信息技术，将数字竞猜、典型视频、热点话题探究、“十四五”规划词云图等引入课堂教学，引领学生感受我国发展的瞩目成就，感知我国排除万难谋求高质量发展的坚定决心，增强学生对国家的政治认同，增强其民族自信与自豪。当然，学生活动的高效开展离不开教师的灵活点拨和精心引导，如此才能更好地实现本课教学目标。

第三部分　普通高中“思想政治”

必修2《经济与社会》第二单元《经济发展与社会进步》
第三课《我国的经济发展》
第二框《建设现代化经济体系》

□山东师范大学附属中学　徐海霞

一、课标要求

《普通高中思想政治课程标准》（2017年版，2020年修订）第四部分“课程内容”必修课程“模块2：经济与社会”内容要求“2.1阐释以人民为中心的发展思想和创新、协调、绿色、开放、共享的新发展理念，解释经济发展方式的转变和供给侧结构性改革，评析经济发展中践行社会责任的实例”。

二、教材分析

本框题共有两目内容。第一目是《国家强　经济体系必须强》，阐述现代化经济体系的内涵以及构成和建设现代化经济体系的意义、目标和要求等。第二目是《推动经济高质量发展》，阐述推动经济高质量发展的途径和建设现代化经济体系的主要任务。第一目阐明了什么是现代化经济体系，为什么要建设现代化经济体系；第二目阐明了怎样建设现代化经济体系，推动经济高质量发展。

三、学情分析

从认知结构看，通过前期学习，学生对于构建统一开放、竞争有序的经济体系以及正确认识和处理市场和政府的关系等有了一定的认知，对以人民为中心的发展思想和新发展理念等内容有了初步的理解，这些都为本框学习作了较好的知识铺垫。但因本框内容涉及我国宏观经济的规划和部署，学生理解起来仍有一定的难度。

从思维特点看，学生对该部分内容有一定的感性认识，比如农村的变化、现代科技在生产生活中的应用等，但这些了解和感知是零散的、浅层次的和片段化的，理性认识不足。教学中应坚持“三贴近”原则，选取鲜活生动的案例，通过思考、感悟、分析、比较，深化和升华学生对本框内容的理解和认同。

四、教学目标

1. 通过搜集数据、材料分析，引导学生深刻理解建设现代化经济体系的必要性和意义，认识到推动经济高质量发展，必须建设现代化经济体系，培养科学精神，提高辩证思维能力。

2. 通过观点辨析、出谋划策、短视频拍摄等教学活动，引导学生深刻理解建设现代化经济体系的各项措施，积极关注和参与家乡建设，增强对我国相关政策举措的政治认同，培养家国情怀。

五、教学重点难点

1. 教学重点：建设现代化经济体系、推动经济高质量发展的主要措施。
2. 教学难点：建设现代化经济体系的重要性和必要性。

六、教学方法

教学方法有议题式教学法、辨析式教学法、讲授法等。

七、教学过程

【总议题】如何理解现代化经济体系？

【导入】党的二十大报告指出：“我们要坚持以推动高质量发展为主题，

把实施扩大内需战略同深化供给侧结构性改革有机结合起来，增强国内大循环内生动力和可靠性，提升国际循环质量和水平，加快建设现代化经济体系，着力提高全要素生产率，着力提升产业链供应链韧性和安全水平，着力推进城乡融合和区域协调发展，推动经济实现质的有效提升和量的合理增长。”

环节一 探究分享：建设现代化经济体系的重要性和必要性

分议题1：为什么必须建设现代化经济体系？

【议学情境】我国已经成为世界制造业大国，“中国制造”享誉世界。但是，从总体上看，在许多关键领域我国制造业还存在自主研发能力不强、劳动密集型和资源密集型企业比重偏大、高新技术密集型企业偏少、许多产品的科技含量不高等问题。

投资一直是拉动我国经济增长的“主力军”。随着传统产业的规模不断扩张，产能过剩矛盾非常突出；消费在国内生产总值中占比偏低。

【议学活动】搜集我国近几年经济发展的关键数据，分析我国经济发展存在哪些迫切需要解决的问题。

【议学提示】我国经济发展存在诸多问题，从产业体系角度看，我国制造业存在自主创新能力弱、产业结构不合理、产品科技含量低等问题，制约着我国由制造大国向制造强国的转变。从经济增长动力角度看，投资、消费和出口三股动力存在不均衡现象，经济增长较大程度依赖投资和出口，国内消费需求的拉动力弱，已经成为制约我国经济高质量发展亟待解决的问题。要解决这些问题，必须建设现代化经济体系。

建设现代化经济体系，是把经济体系的各个环节、各个层面、各个领域的相互关系和内在联系作为一个有机整体，谋划和推进各个组成部分和整个系统的现代化，从重视数量到重视质量，从规模扩张到结构升级，从要素驱动到创新驱动。

建设现代化经济体系是转变经济发展方式、优化经济结构、转变经济增长动力的迫切要求。只有形成符合中国国情、具有中国特色的现代化经济体系，才能更好地顺应现代化发展潮流，赢得国际竞争主动，为其他领域的现代化提供有力支撑，为实现人民对美好生活的向往打下坚实而强大的物质基础。

【设计意图】通过调查和分析我国经济发展存在的迫切需要解决的问题，引导学生深入理解现代化经济体系的内涵和构成，以及建设现代化经济体系的必要性和重要性。

环节二 活动推进：建设现代化经济体系，推动经济高质量发展

分议题2：如何建设现代化经济体系？

【议学情境】2022年8月16日至17日，习近平总书记在辽宁考察时强调，党中央实施创新驱动发展战略，格外重视自主创新，格外重视创新环境建设，努力提升我国产业水平和实力，推动我国从经济大国向经济强国、制造强国转变。

要时不我待地推进科技自立自强，只争朝夕地突破“卡脖子”问题，努力把关键核心技术和装备制造业掌握在我们自己手里。

【议学活动】观点辨析：只要重视自主创新，就能推动我国从经济大国向经济强国、制造强国转变？

【议学提示】创新不是孤军作战，我国制造业还处在国际产业链、价值链的中低端，主要原因在于源头创新短缺，科技成果转化渠道不畅，研发投入和创新人才不足，金融业存在“脱实向虚”的状况，对实体经济和创新的支持不够。

因此，要建设创新引领、协同发展的产业体系，实现实体经济、科技创新、现代金融、人力资源协调发展。坚持把发展经济的着力点放在实体经济上，推进新型工业化，加快建设制造强国、质量强国、航天强国、交通强国、网络强国、数字中国。大力发展实体经济，必须深化供给侧结构性改革，加快发展先进制造业，推动互联网、大数据、人工智能同实体经济深度融合，营造脚踏实地、勤劳创业、实业致富的发展环境和社会氛围。

【设计意图】通过观点辨析，激活学生思维，引导学生在辨析中澄清认识，深刻理解建设创新引领、协同发展的产业体系以及深化供给侧结构性改革的必要性和措施，培养科学精神，提高辩证思维能力。

【议学情境】全面建设社会主义现代化国家，最艰巨最繁重的任务仍然在农

村。党的二十大闭幕后，习近平总书记第一次外出考察来到延安，看看老乡们脱贫后生活怎么样，还有什么困难，乡村振兴怎么搞。考察中，习近平详细询问苹果种植技术、采摘方法、品种质量、销售价格、村民收入以及如何发展苹果种植和其他产业等，老乡们一一回答。习近平十分关心灌溉和用水问题，老乡们告诉总书记，他们通过筑水坝、搞滴灌和精细化管理，有效解决了用水和灌溉问题。习近平称赞说，这就是农业现代化，你们找到了合适的产业发展方向。

【议学活动】出谋划策：当地政府应该如何指导当地村民做足“苹果”这篇文章，让“小苹果”变成发家致富的“大金果”？

【议学提示】三农问题关系国计民生，必须始终把解决好这一问题作为全党工作的重中之重。要坚持农业农村优先发展、全面推进乡村振兴、走中国特色社会主义乡村振兴道路，强化以工补农、以城带乡，推动形成工农互促、城乡互补、协调发展、共同繁荣的新型工农城乡关系，加快农业农村现代化。

另外，深入实施区域协调发展战略、区域重大战略、主体功能区战略、新型城镇化战略，优化重大生产力布局，构建优势互补、高质量发展的区域经济布局和国土空间体系。推动西部大开发形成新格局，推动东北全面振兴取得新突破，促进中部地区加快崛起，鼓励东部地区加快推进现代化。支持革命老区、民族地区加快发展，加强边疆地区建设，推进兴边富民、稳边固边。推进京津冀协同发展、长江经济带发展、长三角一体化发展，推动黄河流域生态保护和高质量发展。实施区域协调发展战略是增强区域发展协同性的重要途径，是拓展区域发展新空间的内在要求，是建设现代化经济体系的重要支撑。

总之，建设现代化经济体系，就要建设彰显优势、协调联动的城乡区域发展体系，实现区域良性互动、城乡融合发展、陆海统筹整体优化，培育和发挥区域比较优势，加强区域优势互补，塑造区域协调发展新格局。

【设计意图】通过转换角色、出谋划策，引导学生思考如何发展现代农业、建设美丽乡村、实现农民致富，一方面可以让学生在参与的过程中更好地理解党和国家的三农政策，另一方面可以激发学生关注家乡建设、参与家乡建设的热情和主人翁意识。另外，在此基础上，指导学生全面理解建设彰显优势、协调联动的城乡区域发展体系的目标和措施。

【议学情境】2022 年 11 月 4 日第五届中国国际进口博览会如期举行，习近平主席在开幕式上发表题为《共创开放繁荣的美好未来》致辞。

【议学活动】以“开放的中国”为主题拍摄短视频。

【议学提示】从广交会的“中国制造”到服贸会的“中国服务”、进博会的“中国市场”再到消博会的“国际消费精品”，反映出中国愿同各国一道，共建开放型世界经济，让开放的春风温暖世界！海纳百川，有容乃大。中国以开放包容的胸怀和担当与世界上不同社会制度、不同发展程度的国家广泛开展交流合作，与世界共享发展的机遇。因此，建设现代化经济体系，必须建设多元平衡、安全高效的全面开放体系，建设更高水平开放型经济新体制，推动开放朝着优化结构、拓展深度、提高效益的方向转变。

【设计意图】通过以“开放的中国”为主题的短视频拍摄，引导学生关注和思考我国建设多元平衡、安全高效的全面开放体系的举措和意义，培养科学精神，增强政治认同。

【板书设计】

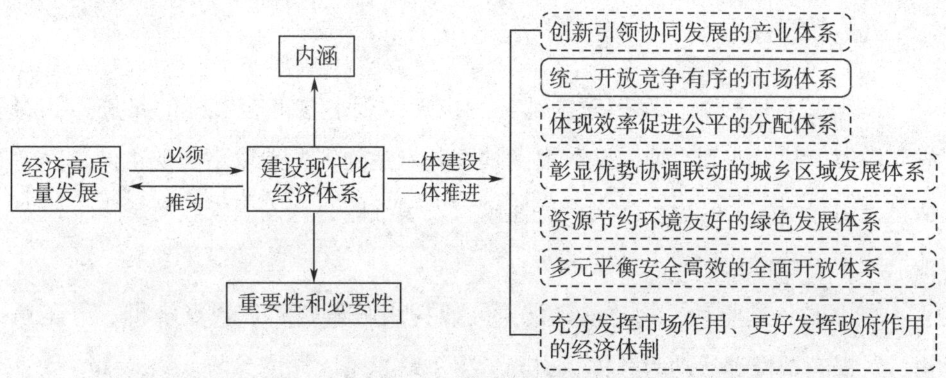

【总结提升】贯彻新发展理念，建设现代化经济体系，是习近平新时代中国特色社会主义思想的重要内容，是以习近平同志为核心的党中央从党和国家事业全局出发，着眼于实现“两个一百年”奋斗目标，顺应中国特色社会主义进入新时代的新要求作出的重大战略决策部署。我国经济社会发展坚定不移地贯彻创新、协调、绿色、开放、共享的新发展理念，坚持稳中求进工作总基调，以推动高质量发展为主题，以深化供给侧结构性改革为主线，以改革创新

为根本动力，以满足人民日益增长的美好生活需要为根本目的，加快建设现代化经济体系，加快构建以国内大循环为主体、国内国际双循环相互促进的新发展格局。

站在新起点，奋进新征程。中国经济行稳致远，正向着第二个百年奋斗目标阔步前进！

八、课外活动

1. 学习《中国制造2025》、《中共中央 国务院关于建立更加有效的区域协调发展新机制的意见》、《习近平在深圳经济特区建立40周年庆祝大会上的重要讲话》、习近平在第五届中国国际进口博览会开幕式上的致辞《共创开放繁荣的美好未来》等文件和讲话，深化对建设现代化经济体系的认识。

2. 登录当地政府网站，或前往当地大中型企业、高新技术开发区、新农村建设示范区等开展实地调研，了解当地建设现代化经济体系、推进经济高质量发展的举措，并就存在的问题提出合理化建议。

九、教学反思

1. 坚持价值引领，厚植家国情怀。跟随习近平总书记考察的足迹，从农村到城市、从农业到工业、从欠发达地区到发达地区，选取不同视角设置生活情境，引导学生关心家乡建设，关注国家发展战略，认同国家政策举措，较好地发挥了思政课立德树人的功能。

2. 坚持议题驱动，构建活动课堂。以搜集分析资料、观点辨析、出谋划策、短视频拍摄等活动为载体，引导学生主动思考、深度参与。

3. 发挥评价引领，实现有效提升。引导学生深刻理解建设现代化经济体系是习近平新时代中国特色社会主义思想的重要内容，是着眼于实现“两个一百年”奋斗目标、顺应中国特色社会主义进入新时代的新要求作出的重大战略决策部署，提高了教学的政治站位，体现了鲜明的政治引领。

本设计在挖掘教材理论深度、教学内容与学生活动的有机结合、教学时间的分配等方面尚有欠缺。

第四部分 大学“习近平新时代中国特色社会主义思想概论”

第六讲《以新发展理念引领高质量发展》

二、如何理解高质量发展是全面建设社会主义现代化国家的首要任务

□山东师范大学马克思主义学院 吕松涛

一、教材分析

本框题由三部分内容构成。第一部分简要阐述了推进供给侧结构性改革的必要性，指出供给侧结构性改革是化解我国经济发展面临困难和矛盾的重大举措，也是培育增长新动力、形成先发新优势、实现创新引领发展的必然要求和选择。第二部分阐述了供给侧结构性改革的内涵。第三部分提出了深化供给侧结构性改革的主要措施，包括推进增长动能转换、深化要素市场化配置改革、加大人力资本培育力度、激发各类市场主体活力、持续推进“三去一降一补”等。

二、学情分析

从认知结构来看，学生已经学习了习近平经济思想以及新发展理念的有关内容，但对于贯彻新发展理念的具体战略部署、安排并不了解。

从思维特点来看，学生在一定程度上能够理解我国经济发展中存在的问题，但缺乏从供给端管理与需求端管理进行分析的思路，需要进一步了解推进供给侧结构性改革，提高供给体系对推动我国经济高质量发展的重要意义。

从情感态度来看，学生对供给侧改革具备初步的了解，但对供给侧改革的必要性和重要性的理解存在较大差异。

三、教学目标

1. 知识目标：通过本课的学习，让青年学生了解深化供给侧结构性改革的内涵，掌握深化供给侧结构性改革的提出原因及推进措施。

2. 能力目标：通过对供给侧结构性改革问题的系统学习，提高学生对新时代经济社会发展进程中党和国家相关改革政策的理解和分析能力。

3. 情感、态度和价值观目标：使青年学生全面把握新时代深化供给侧结构性改革对实现高质量发展和建设社会主义现代化强国的重要意义，进一步坚定全面深化改革的信心和决心。

四、教学重点难点

1. 教学重点：深化供给侧结构性改革的推进措施。

2. 教学难点：深化供给侧结构性改革的提出原因。

五、教学方法

教学方法有互动式教学法、讨论式教学法、探究式教学法、讲授法。

六、教学过程

【导入】如今，不少人热衷海淘，去日本买马桶盖，去新西兰买奶粉……2017 年我国居民一年在境外购物消费了大约 2000 亿美元。为什么大家愿意去海外买东西呢？我们的飞船都上天了，科技飞速发展，给人们的生活带来巨大的变化，难道连基本生活用品都造不好吗？这看似家长里短的小问题却关系着深化改革的大课题，今天我们就一起聚焦中国经济供给侧结构性改革的问题。

在 2015 年 11 月召开的中央财经领导小组第十一次会议上，习近平总书记提出，“在适度扩大总需求的同时，着力加强供给侧结构性改革”，首次提出了深化供给侧结构性改革的重要任务。党的二十大报告强调，坚持以推动高质量发展为主题，把实施扩大内需战略同深化供给侧结构性改革有机结合起来。

1. 供给侧结构性改革的内涵

供给和需求是市场经济内在关系的两个基本方面。采用不同方式对社会供给与需求进行适当管理调整，是进行宏观经济调控的两个基本手段。供给侧管理，重在解决结构性问题，主要通过优化劳动力、土地、资本和技术等生产要素配置，调整生产结构，推动经济增长。需求侧管理，重在解决总量性问题，主要是通过调节税收、财政支出、货币信贷等来刺激或抑制需求，进而推动经济增长。

供给侧结构性改革是指，对由供给不适应需求变化而导致的供给效率低下问题，进行要素与机制的结构性调整，加强供给结构对需求变化的适应性和灵活性，扩大有效供给，提升供给质量。

推进供给侧结构性改革，关键在于理解“结构性”。推动供给侧结构性改革，重点是解放和发展社会生产力，用改革的办法推进结构调整，减少无效和低端供给，扩大有效和中高端供给，提升供给体系对国内需求的适配性，实现由低水平供需平衡向高水平供需平衡的跃升。

2. 深化供给侧结构性改革的原因

首先，深化供给侧结构性改革是适应国际金融危机后综合国力竞争新形势的主动选择。中国必须顺应世界发展变革的大趋势，通过贯彻新发展理念，推进供给侧结构性改革，转换发展动力，提升发展质量，赢得综合国力竞争的主动权。其次，深化供给侧结构性改革是更好解决我国社会主要矛盾的必然要求。只有深化供给侧结构性改革，才能扩大有效和中高端供给，更好地满足广大人民群众的美好生活需要。最后，深化供给侧结构性改革是新时代推动我国经济高质量发展的必然要求。依靠“三驾马车”需求端管理政策越来越难以满足经济增长、社会生产力发展的需要，同时，国民经济中无效、低端供给过剩，有效、高质量供给不足的结构性矛盾十分突出。

【案例分析1】通过观看何女士海淘的视频片段，分析我国当前在消费领域中供给与需求之间的结构性矛盾。

【案例分析2】国产手机的核心部件大部分来自进口。2020 年中国芯片的进口额攀升至近3800亿美元，约占国内进口总额的18%，远超石油的进口。

【案例分析3】从一颗小螺丝钉看中国高端产品的供给困境。

事实证明，我国不是需求不足或者没有需求，而是需求变了，供给却没跟上。供给与需求之间矛盾的主要方面在供给端。习近平深刻指出："结构性问题，供给和需求两侧都有，但矛盾的主要方面在供给侧。"贯彻新发展理念、建设现代化经济体系必须坚持供给侧结构性改革。

3. 深化供给侧结构性改革的措施

（1）推进增长动能转换，加快实施创新驱动发展战略。必须坚持科技是第一生产力、人才是第一资源、创新是第一动力，深入实施科教兴国战略、人才强国战略、创新驱动发展战略，开辟发展新领域新赛道，不断塑造发展新动能新优势。

【案例分析1】从富士康组装苹果手机的利润看传统制造业的劣势。

iPhone XS Max 512GB版本上市初售价高达12799元，但组装这样一部手机，富士康只能赚70元钱，利润率只有0.54%。因为富士康只是将其他企业提供的核心部件进行组装，本质上还是一家劳动密集型的传统企业，处于价值链的底端。利润的大头被苹果公司拿走了。这就是为什么苹果的市场占有率只有18%，却获得了整个手机行业87%的利润。

【案例分析2】从光刻机看发展先进制造业的重要性。

中国芯片产业的一大短板体现在芯片制造的先进装备上。高端光刻机被称为世界上最精密的仪器，显示了一个国家制造业的最尖端水平。我国在这一领域与先进国家相比还有很大差距。目前最先进的光刻机是由一家荷兰公司生产的。它垄断了全球90%的光刻机市场，利润率高达48%以上。这个利润率几乎是富士康的90倍。

可见，相比于以劳动密集型或者资源密集型为主要代表的传统制造业，先进制造业具有的技术先进、附加值大的优势，更加有助于推进我国制造业向价值链的中高端跃升，实现发展方式的根本性转变。

（2）深化要素市场化配置改革，实现由以价取胜向以质取胜的转变。破除无效供给，把处置"僵尸企业"作为重要抓手，推动化解过剩产能；调整产业结构，淘汰落后产能，防止低水平重复建设。推进土地、劳动力、资本、技术、数据等要素市场化改革，加快要素市场制度建设，健全要素市场运行机制，完善要素交易规则和服务体系，实现要素价格市场决定、流动自主有序、配置高效公平。

【课堂讨论】为什么生产要素能进入落后产能企业?

根本原因在于市场机制被扭曲，市场机制并没有在资源配置中发挥应有的决定性作用。早在十几年前，我国钢铁、煤炭、水泥等行业就已经出现了不同程度的产能过剩问题。2008 年国际金融危机爆发后，政府为拉动国内需求增长，推出大量信贷。一些地方政府为了维持经济增速，将信贷资本注入这些本来就产能落后的行业，导致这些行业产能过剩的问题更加严重。

（3）加大人力资源培育力度，更加注重调动和保护人的积极性。要塑造良好的社会文化生态，营造鼓励创新、终身学习的社会氛围，厚植企业家精神土壤，厘清政府、市场边界，拓展企业家精神生长空间，激发和保护企业家精神。要建设知识型、技能型、创新型劳动者大军，弘扬劳动精神、劳模精神和工匠精神，营造劳动光荣的社会风尚和精益求精的敬业风气。

（4）激发各类市场主体活力，加快建设世界一流企业。毫不动摇地巩固和发展公有制经济，毫不动摇地鼓励、支持、引导非公有制经济发展。深化国资国企改革，做强做优做大国有资本和国有企业。加快国有经济布局优化和结构调整，发挥国有经济战略支撑作用。优化民营经济发展环境，破除制约民营企业发展的各种壁垒。

【案例分析】2011 年，在《财富》评选的世界 500 强企业中，中国仅有 58 家企业上榜，这个数字还不到美国的一半。2020 年，中国企业入围世界 500 强的企业达到 133 家，在数量上超过美国，成为世界第一。2021 年，中国企业继续领跑，达到 143 家。

（5）持续推进“三去一降一补”，优化市场供求结构。坚持去产能、去库存、去杠杆、降成本、补短板，优化存量资源配置，扩大优质增量供给。打好防范化解重大风险攻坚战，积极稳妥去杠杆，重点控制宏观杠杆率，促进形成金融和实体经济、金融和房地产、金融体系内部的良性循环，防范化解金融风险。

七、课外活动

前往山东钢铁集团参观调研，了解山东钢铁集团通过供给侧结构性改革实现的转型升级之路，认识到供给侧结构性改革的必要性。前往浪潮集团进行参观调研，了解浪潮集团推出的云计算中心、大数据平台产品和服务的竞争优势，了解深化供给侧结构性改革的措施。

八、教学反思

本次教学从近年来的“海淘热”现象导入，将宏观国家经济战略与日常生活相结合，使学生能够较快地进入教学过程，激发他们的学习兴趣。阐明供给和需求，不仅是市场经济内在关系的两个基本方面，也是进行宏观经济调控的两个基本手段，有助于学生更好地理解供给侧结构性改革的逻辑起点。教学过程中，通过“海淘热”、芯片、螺栓等案例的讨论，比较有效地说明了深化供给侧结构性改革的必要性。富士康、苹果手机以及光刻机的案例也有助于学生理解加快发展先进制造业的重要性。

总体而言，本次教学设计取得了理想效果，实现了预期的教学目标。当然，教学设计中也存在一些理论问题分析不够清晰、部分学生课程参与度不够等不足，需要在今后的教学中不断完善。

主题六

培养创新意识　提高创新能力

第一部分 小学“道德与法治”

四年级下册第三单元《美好生活哪里来》

第八课《这些东西哪里来》

第三课时《从“中国制造”到“中国创造”》

□山东师范大学附属小学 吕志瑾

一、课标要求

《义务教育道德与法治课程标准》（2022 年版）第三部分“课程目标”中核心素养之“政治认同”第二学段要求“初步感知基本国情，为自己是中国人感到自豪”“感知中国特色社会主义的伟大成就”。

二、教材分析

《从“中国制造”到“中国创造”》是《道德与法治》（部编版）四年级下册第三单元第八课《这些东西哪里来》第三课时的内容。在前两个课时《物品身世“探秘”》《它们带来的舒适与方便》的学习中，学生已初步认识到很多生活用品是由工业生产提供的，工业产品生产的不断变化发展，使得人们的生活更加舒适和方便。在此基础上，本课时意在引导学生初步了解当今中国制造业的现状以及“中国制造”大量出现在国内外商品中的原因。了解从“中国制造”到“中国创造”的转变，感受“中国创造”的力量和意义，进一步体会我国强大的科技实力，从而提高学生的创新意识，增强其爱国情感和使命感。

三、学情分析

本节课的教学对象是四年级学生，他们已经初步形成了一定的学习态度，自我控制能力进一步加强，对集体的责任感进一步提高，在思维和做事方面已经趋向独立，所以培养他们的团结、互助、小组合作意识就显得尤为重要。结合教材内容，以生活为起点，从身边熟知的事情开始，让学生通过调查、交流，逐步领悟到个人的一举一动与世界是相关联的；让学生在体验、探究和问题解决的过程中，更深刻地感受"中国制造"与"中国创造"就在身边。

另外，引导学生收集资料、分析资料，思考生活与环境的关系问题等，使得他们逐步掌握正确、有效的学习方法和科学的思维方式。

四、教学目标

1. 了解当今中国制造业的现状以及"中国制造"大量出现在国内外商品中的原因。

2. 了解从"中国制造"到"中国创造"的转变，感受"中国创造"的力量和意义。

3. 在调查和了解过程中，进一步体会我国强大的科技实力，提高学生的创新意识，增强其爱国情感和使命感。

五、教学重点难点

1. 教学重点：当今中国制造业的现状以及"中国制造"大量出现在国内外商品中的原因。

2. 教学难点：从"中国制造"到"中国创造"的转变，感受"中国创造"的力量和意义。

六、教学方法

教学方法有讨论交流法、调查研究法等。

七、教学过程

环节一 家庭用品小调查

1. 家庭用品小调查

请了解现在家里正在使用的物品，交流电器、食品、交通工具方面有哪些常用的品牌。

2. 父母手机使用情况小调查

请调查父母的手机使用情况，根据实际情况开展小组交流：不同时间里，父母手机使用品牌和制造国家有什么不同?

3. 统计调查表数据

观察统计数据，你发现了什么?

【讨论】为什么会有这样的变化？你有什么感受?

4. 教师小结

【设计意图】通过调查、统计活动，引导学生发现自改革开放以来，外国的产品和技术大量涌入我国，对我们的日常生活产生了一定影响。如今，国产品牌越来越多地出现在生活中，同时，中国自己制造的产品也越来越多地走进外国人的生活。

环节二 理解“中国制造”的内涵

1. 学生交流讨论对“Made in China”的了解

【学生讨论】你在哪里见过这个词语？由于制造业的发达，我们国家在一段时间内被称为“世界制造工厂”，为什么说中国是“世界制造工厂”？你觉得这个称呼怎么样?

2. 了解“世界制造工厂”的历史和现状

【展示资料】早期，中国制造业在全球制造业总值中所占比例较高，一时间，中国成为全球公认的“世界制造工厂”。然而，虽然我国制造产品产量位居世界第一，所得利润却只有5%。在激烈的竞争中，中国企业研发投入严重不足，自主知识产权的核心技术和专利较少。出口商品大多是技术含量低、单价低、附加值低的“三低”产品，进口的却是高技术含量、高附加值和高价格的“三高”产品。“世界制造工厂”面临严酷考验。

【思考交流】外国企业为什么要在中国投资建厂？

3. 领悟“中国制造”的内涵

【思考】怎样才能改变资料中提到的中国生产“三低”产品的状况？

【教师小结】要摆脱只加工、没有核心技术的制造，只有靠不断地创造、创新。

【设计意图】通过辨析称呼，学生能够产生思维碰撞，从而更加深刻地理解：不能只停留在“中国制造”上，只有不断创新才能带来更大的发展。

环节三 感受“中国创造”的力量

1. 以华为为例感受“中国创造”

从调查情况出发，展示华为相关资料，引导学生感受中国已经具有创造的实力，还有很多企业已经崛起，走在世界科技创新的前列。

2. 师生讨论交流“中国创造”的其他例子

（1）介绍“新四大发明”

【提出问题】我国的四大发明是什么？你知道“新四大发明”是什么吗？

【展示资料】“新四大发明”，是 2017 年诞生的网络流行词。2017 年 5 月，来自“一带一路”沿线的 20 国青年评选出了中国的“新四大发明”——高铁、扫码支付、共享单车和网购。

【提出问题】你和你的家人使用最多的是什么？感受科技的改变带来的生活和世界的改变。

（2）学生交流“中国创造”的其他例子

通过列举中国高铁、中国天眼、神威太湖之光等高科技创新技术，感受中国创造的科技越来越多，感受作为中国人的骄傲。

【设计意图】通过实例，学生进一步感受到中国与世界经济发展的相互影响。同时，更好地帮助学生树立民族自豪感，以及勤奋学习、建设祖国的远大理想。

环节四 升华情感，拓展延伸

课后请同学们进一步广泛搜集资料，召开一次“中国创造”讨论会，进一步感受中国科技创新的力量。

八、板书设计

从“中国制造”到“中国创造”

“中国制造”（“三低”产品）——“世界制造工厂”

⬇

“中国创造”（自主创新）

九、教学反思

本课重点让学生了解从“中国制造”到“中国创造”的转变，感受“中国创造”的力量和意义，进一步体会我国强大的科技实力，提高学生的创新意识，增强其爱国情感和使命感。

1. 注重调查实践，在体验基础上开展教学

在教学中，设计了调查活动，意在从生活中去发现，同时充分调动学生的积极性，使得教学更加流畅，让学生更乐于参与其中。

以调查结果为起点，抛出了“中国制造”和“世界制造工厂”的概念，学生可能会以此推断我们作为“世界制造工厂”是个很不错的称呼。继而呈现一段资料来了解当今中国制造业的现状以及“中国制造”大量出现在国内外商品中的原因，引发学生讨论。通过小组交流进行思维碰撞，得出结论：“世界制造工厂”这个称谓不能以偏概全，虽然为别国企业加工可以带动我国经济增长，但只是单纯制造，利润极低。要想改变这种状况，必须摆脱单纯制造，进行自主创造。同样的，再次以华为和党的十九大报告中特别指出的我国领先世界的科技与学生交流分享，引导学生树立增强民族自豪感，树立勤奋学习、建设祖国的远大理想。

2. 适时适度补充教学内容，加深对教材的理解

本课教学中，四年级学生对“中国制造”的历史渊源以及“世界制造工厂”的辨析理解有一定难度。但是通过补充有效的资料，经过思辨，学生对于概念的理解会更加深刻。同时，以身边熟知的品牌华为为例来引出对创新发展的理解，学生更能感同身受。

在此基础上，如果能充分地讨论更多创新发展的实例，加强与生活的贴近度，学生的理解可能会更深刻。

第二部分 初中“道德与法治”

九年级上册第二课《创新驱动发展》

第一框《创新改变生活》

第二框《创新永无止境》

□山东省济南燕山中学 俞立颖

一、课标要求

《义务教育道德与法治课程标准》（2022 年版）第三部分“课程目标”中核心素养之“政治认同”第四学段要求“了解中国共产党带领中国人民进行革命、建设、改革的历史性成就”“了解中国特色社会主义制度的优越性，坚定道路自信、理论自信、制度自信、文化自信”“理解中国梦的内涵，树立为中华民族伟大复兴而奋斗的理想”。

二、教材分析

本课教学内容有机整合了初中《道德与法治》九年级上册第二课《创新驱动发展》的教材内容，主要包括“中国科技当自强”“自主创新展作为”两个部分，分别解读了我国科技创新的发展现状以及我国推进科技创新的方向和路径。第一部分简要介绍了我国科技创新取得的一系列成就，重点分析我国科技创新发展面临的不足和问题。第二部分分别从国家、企业的角度详细解读了当前我国加快建设创新型国家的主要举措，介绍了当前我国大众创业万众创新的新气象，并从个人角度阐述了如何培养创新意识、提升创新能力。

三、学情分析

对于我国科技创新取得的一系列成就，以及我国加快科技创新的必要性和重要性，九年级学生已经形成了初步的认识。但是，受年龄和认知水平的限制，对于我国加快科技创新背后的紧迫感，以及如何加快科技创新步伐，学生的认识还停留在初级阶段，不够全面深入。因此，需要教师加以引领，让学生认清我国科技创新发展面临的不足和问题，明确我国科技创新的方向及路径，增强为实现祖国科技自立自强而拼搏努力的使命感。

四、教学目标

1. 通过分析世界知识产权组织相关报告、分享“国之重器”，感知我国科技创新的整体发展状况，体会今日中国科技创新成就，增强民族自信与自豪，涵养对国家的政治认同。

2. 借助中美科技进步贡献率数据对比、全球百强创新机构简介等材料，全面认识我国科技发展面临的不足及影响，增强加快建设创新型国家的紧迫感和使命感。

3. 通过观看、梳理新华社相关报道，深入探索国家推进科技创新的战略举措，明确我国推进科技创新的发展方向和路径。

4. 通过分析我国创新企业和先锋模范事迹，感受今日中国大众创业、万众创新的时代气息，深刻理解创新是中华民族最鲜明的民族禀赋。

五、教学重点难点

1. 教学重点：我国推进科技创新的发展方向和路径。

2. 教学难点：我国建设创新型国家的必要性，培养创新意识、提升创新能力。

六、教学方法

教学方法有对话式教学法、启发式教学法、案例探究式教学法、讨论式教学法。

七、教学过程

【导入】外国人士眼中的当代中国“新四大发明”是：高铁、扫码支付、共享单车和网购。

【教师过渡】其实，严格来说，高铁、扫码支付、共享单车和网购这四项最早并不是中国的发明。

【多媒体展示】以高铁为例，世界上第一条高速铁路是20世纪60年代修建于日本的新干线铁路。20世纪90年代，中国高铁进入技术攻关和探索试验阶段。2009年年底，中国正式进入高铁时代。2017年年底，中国铁路“四横四纵”快速通道全部建成。目前，中国已建成世界上最发达的高铁网，高铁营运里程远远超过世界其他国家的总和。中国高铁以技术先进、安全正点、便捷高效、节能环保等优势受到国内外普遍赞誉，成为亮丽的“中国名片”。

【探究分享】中国高铁享誉全球的秘诀是什么？

【教师小结】惟创新者进，惟创新者强，惟创新者胜。今天的中国，科技创新能力达到了什么水平？如何以科技创新助力祖国腾飞？带着对这些问题的思考，让我们共同走进今天的课题探究。

【设计意图】选取中国“新四大发明”话题探究切入本课课题，贴近中学生生活实际，既有利于吸引学生的注意力，激发其探索的兴趣，活跃课堂氛围，还可以初步涵养学生对国家的政治认同，增强学生的民族自信与自豪。通过组织学生探究中国高铁享誉全球的秘诀，引领学生感受当代中国科技创新的魅力。在此基础上，通过问题引领，触发学生对我国加强创新的必要性以及实现科技自立自强路径的思考，从而为本课教学奠定良好开局。

环节一 中国科技当自强——解读我国创新发展现状

【教师过渡】首先，让我们关注一份来自世界知识产权组织2022年的权威报告。

【多媒体展示】世界知识产权组织《2022年全球创新指数报告》显示，

中国排名第11位，较去年再上升1位，连续10年稳步提升，位居36个中高收入经济体之首。

【探究分享】你从世界知识产权组织的这份报告中读出了什么信息?

【教师小结】新中国成立70多年来，尤其是进入新时代以来，我国科技创新实现量质齐升，创新型国家建设取得重大进展。党的二十大报告指出，我国基础研究和原始创新不断加强，一些关键核心技术实现突破，我国已经进入创新型国家行列。

【多媒体展示】《见证新时代——大国重器挺起民族脊梁》。

【探究分享】你熟悉哪些“国之重器”?

【教师小结】长征五号运载火箭、中国空间站核心舱、祝融号火星车、“海斗一号”无人潜水器……近年来，在党的领导下，我国在一些重要领域相继取得重大突破，“大国重器”亮点纷呈，创新成果世界瞩目。曾以古代“四大发明”推动世界进步的中国，正再次以科技创新向世界展示自己的巨大魅力，令世界刮目相看，国人的民族自信也一次次被点燃。

【设计意图】以世界知识产权组织《2022年全球创新指数报告》为载体，组织学生分析相关数据，引领学生初步感知我国科技创新的整体发展状况。在此基础上，借助图文并茂的“国之重器”，组织学生对其进行介绍，既激发学生探索科学的热情，锻炼他们的语言表达能力，也有利于学生深入体会今日中国在科技创新方面取得的巨大成就，进一步增强其民族自信与自豪，涵养对国家的政治认同。

【教师过渡】面对中国科技创新取得的这些亮眼成绩单，有人形成了这样一种观点。

【多媒体展示】“今日中国，科技创新实力实现了历史性跨越，已跻身科技创新强国行列。”

【探究分享】你赞同这一观点吗?为什么?

【教师小结】同学们从不同视角阐述了自己的认识和理解，可以看出，大家都很关心国家的发展。为了正确解答这一问题，老师也搜集了一些信息，我们一起来看一下。

【多媒体展示】2020 年，我国科技进步贡献率虽然超过 60%，但和创新能力全球排名第一的美国相比，我国科技进步贡献率低了 20 多个百分点。在英国发布的“2021 年度全球百强创新机构”榜单中，美国以 42 家机构占据榜首，日本以 29 家的数量紧随其后。中国共有 9 家机构上榜。在全球十大创新企业中，6 个来自美国，剩余 4 个分别来自日本、瑞士和英国。

【探究分享】(1) 上述数据说明我国科技创新发展面临什么问题?

(2) 这些问题如果不能有效解决，会对我国的发展造成哪些影响?

【教师小结】通过探究分析，我们不难发现，目前，虽然我国在尖端技术的掌握和创新方面打下了坚实基础，在一些重要领域走在世界前列，但从整体上看，我国仍然面临创新能力不强、科技发展水平总体不高、科技对经济社会发展的支撑能力不足、科技对经济增长的贡献率远低于发达国家水平等问题。这些问题如果得不到及时、有效解决，不仅会制约我国经济的可持续发展，也会影响中华民族的伟大复兴。中国科技创新之路任重而道远，需要加快建设创新型国家。

【设计意图】本环节旨在引领学生明确我国科技创新面临的挑战，深刻理解我国加强科技创新的必要性。借助对“我国跻身科技创新强国行列了吗?”这一话题的探究，引领学生辩证思考我国科技创新现状。结合 2020 年中美科技进步贡献率数据对比、2021 年度全球百强创新机构简介等典型材料，帮助学生全面认识和理解我国科技发展面临的不足及影响，增强加快建设创新型国家的紧迫感和使命感。

【教师过渡】立足新的发展方位，我国发展比任何时候都更加需要科学技术解决方案，更加需要增强创新这个第一动力。坚持创新在我国现代化建设全局中处于核心地位。那么，怎样加快建设创新型国家？我们先来听一听新华社的解读。

环节二 自主创新展作为——“解码”我国创新发展路径

【观看视频】新闻播报——加快创新型国家建设四大举措。

【分组探究】(1) 加快建设创新型国家，我国应着重瞄准哪些科技前沿领域？

（2）如何打造一批创新型企业，让企业成为社会创新的重要力量？

（3）怎样才能培养造就一大批高科技人才和高水平创新团队？

【教师小结】加快建设创新型国家，立足国家角度，必须落实科教兴国战略、人才强国战略、创新驱动发展战略；必须增强自主创新能力，坚持走中国特色自主创新道路；必须营造有利于创新的舆论氛围和法治环境。

【设计意图】在组织学生观看、梳理新华社相关报道的基础上，借助三个话题的分组探究，结合“十四五”规划有关科技创新发展的词云图，引领学生深入探索国家推进科技创新的战略举措，既能彰显以学生为本的教学理念，培养学生的合作探究意识，锻炼学生自主分析解决问题的能力，又能避免教师的空洞说教，提高课堂效率。

【教师过渡】加强创新，中国企业该如何作为？

【多媒体展示】京东方的创新之路。

从1993年创立至今，京东方始终将技术和产品创新放在第一位，每年都会花大量精力去捕捉、研究国内外先进技术，以及可能出现的黑科技产品。2019年，京东方打破了柔性OLED韩国三星的技术垄断地位，成为全球第一大智能手机面板厂商。2020年，在全球经济受疫情冲击的情况下，京东方全年营业收入达1355.53亿元，同比增长16.80%。公司高管在接受采访时说：“技术发展日新月异，现在看似先进的新技术，再过十年可能就会被淘汰、被取代，所以我们要不断地向前跑，不断去投入、去创新。”

【探究分享】（1）在京东方的发展历程中，哪些数据给你留下了深刻印象？

（2）京东方的发展历程给中国其他企业什么启示？

【教师小结】京东方的发展历程，如果用一句话来概括，那就是“对技术的尊重和对创新的坚持”。企业是社会创新的重要力量。提升创新能力是企业持续发展之基、市场制胜之道。实践反复告诉我们，关键核心技术是要不来、买不来、讨不来的。中国企业必须自强奋斗、敢于突破，掌握核心技术，提升创新能力。

【设计意图】以锐意创新、积极作为的中国企业典型代表为载体，通过话题引领，不仅可以帮助学生深刻感受、理解创新对企业发展的重要意义，也为学生思索中国企业如何依托创新实现可持续发展提供了生动鲜活的现实素材，有利于激发学生的探究热情，锻炼学生自主分析问题与解决问题的能力。

【教师过渡】加快建设创新型国家，仅仅依靠国家和企业够吗？还需要谁的努力？

【观看视频】《大众创业 万众创新》。

【探究分享】(1) 结合短片谈一谈，今天的中国在创新方面呈现出怎样的新气象？

(2) 请向大家介绍我国锐意创新、敢于探索的先锋模范事迹。

(3) 身为中学生的你，打算怎样向榜样学习，培养创新意识、提升创新能力？

【教师小结】当今社会，大众创业、万众创新已深入人心。创新不唯年龄、不唯学历、不唯职业，人人皆可创新。在创新时代，我们每个人都要树立创新意识，崇尚科学，勇于探索，敢于实践，用智慧、勇气、奋斗、合作与担当，大力弘扬创新精神，谱写时代华章。

【设计意图】选取典型视频，引领学生直观感受今日中国大众创业、万众创新的时代气息，深刻理解创新是中华民族最鲜明的民族禀赋。通过组织学生分享我国创新先锋的模范事迹，引领学生感悟榜样人物身上蕴含的创新精神，引导学生向榜样学习，崇尚科学、追求创新。

【教师寄语，结束新课】科技关乎国运，创新决胜未来。唯有坚持自主创新，坚持科技自立自强，才能为中国现代化建设汇聚磅礴动力，才能确保中华民族昂首傲然屹立于世界民族之林！

八、课外活动

搜集我国自主创新方面的典型企业或个人事例，制作电子小报或短视频，与大家分享交流感悟。

九、教学反思

本课秉持“以学生为本”的教学理念，有机整合初中《道德与法治》九年级上册第二课《创新驱动发展》的教材内容，通过“中国科技当自强”“自主创新展作为”两个序列化的教学环节设计，运用对话引领、典例分析、启发讨论、小组合作探究等智慧灵活的教学策略，将知识讲授与社会热点分析有机衔接，将归纳概括能力和分析解决问题能力的训练与情感态度价值观的培养有机融合，引领学生真切感受新时代我国科技创新取得的巨大成就，辩证分析我国科技创新的发展现状，深刻理解我国建设创新型国家的必要性，明确我国推进科技创新的具体举措，增强学生对国家的政治认同和民族自豪与自信，努力为我国的科技强国梦而不懈奋斗。坚持教师主导作用与学生主体地位的有机统一，力求增强思政课的思想性、理论性、针对性及亲和力，是本课教学设计的主旨所在。教学是一门不完美的艺术，本课也不例外。如果教师在设计一些探究话题时能够再灵活一些，多给学生一些自我发挥的空间，会更有助于实现本课的教学目标。

第三部分 普通高中“思想政治”

▸**选择性必修3《逻辑与思维》**

第十一课《创新思维要善于联想》

第一框《创新思维的含义与特征》

□山东师范大学附属中学 徐海霞

一、课标要求

《普通高中思想政治课程标准》(2017 年版，2020 年修订）第四部分“课程内容”选择性必修课程“模块 3：逻辑与思维”内容要求“4.1 体会联想思维中迁移、想象的运用；了解联想思维的方法和特点；知道迁移、想象在创新思维中的作用”。

二、教材分析

本框题共有两目内容。第一目是《创新思维的含义》，通过相关链接、探究与分享等内容，介绍了创新思维的基本含义、产生条件。第二目是《创新思维的特征》，通过相关链接、探究与分享等内容，介绍了创新思维具有多向性、跨越性、独特性等特征。这一框内容是对本单元学习主题“创新思维”的总体概述。第一目阐明了创新思维是什么，第二目阐明了创新思维怎么样。

三、学情分析

从认知结构来看，学生对“创新”一词并不陌生，但对“创新思维”的含义和特征尚无全面、深入的了解。

从思维特点来看，学生对创新思维的理解主要停留在感性认识的层面，比如了解了一些体现创新思维的典型案例，但学生也具备了一定的理性思维能力，可以引导其对创新思维的特征进行归纳总结。

从情感特点来看，学生能够认识到创新思维的重要性，应进一步引导其自觉树立创新思维，提升创新能力。

四、教学目标

1. 通过典型案例，把握创新思维的内涵，探究创新思维的条件，认识到创新思维以实践为基础，是在继承基础上的破旧立新。

2. 通过微视频设计大赛活动，列举我国一系列的创新成就，归纳总结创新思维的特征，增强文化自信。

3. 通过“创意 PK”活动，运用创新思维，锻炼创新能力，感受和理解创新思维的表现。

4. 通过撰写倡议书，升华对创新思维及其重要性的认识，增强个人在实施创新驱动发展战略、建设创新型国家中的责任和担当。

五、教学重点难点

1. 教学重点：创新思维的含义。

2. 教学难点：创新思维的特征。

六、教学方法

教学方法有议题式教学法、辨析式教学法、互动式教学法、探究式教学法、讲授法等。

七、教学过程

环节一 创境激趣，提出议题

【思考】《乌鸦喝水》《司马光砸缸》《曹冲称象》这些故事对我们有何启

示？你还知道哪些体现创新思维的故事？

【议学提示】科学思维所说的创新思维，不是泛指所有思维都具有的能动性，而是特指人们在实践中破除迷信、超越陈规，有所发现、有所发明的思维活动。正如习近平总书记所说，“生活从不眷顾因循守旧、满足现状者，从不等待不思进取、坐享其成者，而是将更多机遇留给善于和勇于创新的人们”。我们应该学会打破常规，运用独特而巧妙的方法解决问题，培养创新思维。

【提出总议题】创新思维“新”在何处？

【设计意图】通过学生熟悉的寓言故事，激发学习兴趣，引导学生初步理解创新思维及其重要性，并引出本课题的总议题。

环节二 引思明理，解决议题

1. 案例探究，理解创新思维的条件

分议题1：创新思维的条件。

【议学情境】蔡伦发现，人们用于书写的材料都有缺陷：竹木简太笨重；丝帛太贵；丝绵纸以蚕茧为原料，难以大量生产；麻纸质地粗劣，不利于书写。在总结前人经验的基础上，他以树皮、麻头、破布和破渔网等为原料，经过精心制作，终于造出质量较高又适合书写的纸张。

美国一个穷画家海曼在画画时苦于常常找不到橡皮，便想如果将橡皮和铅笔联结在一起，问题不就迎刃而解了吗？于是他发明了带橡皮的铅笔，申请了专利，办厂生产，成了巨富。

哈格里沃斯有一次与妻子珍妮吵架，踢倒了妻子的纺车，这使他发现，原本平躺着的纱锭，已经垂直立起，还被车轮带着旋转，他由此产生灵感，不断改进纺车，生产使效率提高到原来的100倍。这个因与妻子吵架而来的纺织机，被命名为“珍妮纺织机”，由此给英国的纺织业带来了一场大革命。

【议学活动】(1) 上述创新案例对我们有什么启示？

(2) 有人说，创新思维源自人的灵感和想象，你是否赞同？

【议学提示】创新课题无处不在，我们要善于发现，乐于思考，勤于实践。创新思维是综合能力的体现。任何创新思维都不能凭空产生。灵感和想象有助于创新，但不是创新的源泉，创新思维要以实践为基础和源泉，失去实践基础，思维会陷入不切实际的幻想。同时，创新思维也离不开对前人和他人已有成果的继承。在继承的基础上破旧立新，才能更好地实现创新。古今中外，无论理论创新还是实践创新，概莫能外。

就思维方式而言，创新思维中既有前面已经介绍过的逻辑思维活动，也有想象等非逻辑思维的活动；既要运用常规的思维方法，也要运用一些非常规的思维方法，如逆向思维方法等。

【设计意图】通过对案例的合作探究，引导学生思考和把握创新思维的条件，认识到创新思维以实践为基础，是在继承基础上的破旧立新。

2. 搜集论证，归纳创新思维的特征

分议题2：创新思维的特征。

【议学情境】党的十八大以来，习近平总书记数次强调创新对中国全面深化改革和发展的重要作用："变革创新是推动人类社会向前发展的根本动力。谁排斥变革，谁拒绝创新，谁就会落后于时代，谁就会被历史淘汰。""创新是一个民族进步的灵魂，是一个国家兴旺发达的不竭动力，也是中华民族最深沉的民族禀赋。在激烈的国际竞争中，惟创新者进，惟创新者强，惟创新者胜。"

【议学活动】假如学校为庆祝党的二十大胜利召开，开展以"聚焦创新思维，增强创新能力"为主题的微视频设计大赛，你会选取哪些视角和素材展示创新思维的特征？

【议学提示】可引导学生多角度思考和举例。无论是四大发明这样的科技创新，还是"百花齐放，百家争鸣"的思想文化创新，无论是新民主主义革命道路的开辟，还是中国特色社会主义道路、理论、制度、文化的创立，任何领域、任何视角的创新成就，都能展现创新思维的特征。

第一，思路具有多向性。从思维方向上看，创新思维常常从不同的角度去思考问题。问题出现后，思维会从不同的方面、层次、条件等构思多种设想，探试多个答案。当某一思路受阻时，能够很快转向另一个方向。与单向性的思维相比，多向性是创新思维的明显特征。

第二，步骤具有跨越性。创新思维不排斥一步一步的逻辑推导与分析，但它往往表现为对推理步骤的省略或跨越。思维步骤上的跨越性，并不是创新思维的偶然属性，而是创新思维的必然属性。它是思维在长期量变基础上所实现的质的飞跃，是思维主体积极调动自身的情感、意志以及全部体能、心能予以投入的必然产物，是日思夜想、呕心沥血的必然结果。正是这种省略或跨越，使得创新思维过程中的某些思维活动难以详细描述，有时被遮上神秘的面纱。

第三，结果具有独特性。人们在实践中遇到的问题，要求人们用独特而巧妙的方法使问题得到解决。创新思维，即思维求异，就是用一种怀疑的、分析的、批判的目光来对待众人之见和权威之说，不盲从、不轻信，力求从内容上和形式上独辟蹊径、标新立异，或逆反思索、从反面立意，或侧向思考、从侧面立论。思维结果的独特性，是创新思维的本质特征之一，没有独特结果的思维不是创造性思维。

【设计意图】以庆祝党的二十大胜利召开为背景，以微视频设计大赛为载体，充分调动学生参与课堂的积极性，在回顾总结我国一系列创新成就的过程中，总结出创新思维的特征，进一步增强文化自信。

3. 创意比拼，体验创新思维的实践

分议题3：创新思维的体现。

【议学情境】如何在2个小时内用1块钱赚到100块钱？这听起来有些不靠谱。但在斯坦福大学的课堂上，蒂娜·齐莉格（Tina Seelig）教授做了这样一个小测试。她给了班上14个小组各5美元，作为启动基金。学生们有4天的时间去思考如何完成任务。他们打开信封，就代表任务启动。每个队伍需要在2个小时内用这5美元赚到尽量多的钱。然后在周日晚上将他们的成果整理成文档发给教授，并在周一早上用3分钟时间在全班同学面前展示。

【议学活动】“创意PK”——如果是你，你会怎样完成这项挑战？

【议学提示】鼓励学生充分发挥聪明才智，开展头脑风暴。介绍斯坦福大学一个团队的做法，他们认为最宝贵的资源既不是5美元，也不是2个小时的赚钱时间，而是他们周一课堂上的3分钟展示。斯坦福大学作为一所世界名校，不仅学生挤破了头想进，公司也挤破了头希望在里面招人。这个团队把课上的3分钟卖给了一个公司，让他们打招聘广告。就这样，简简单单，3分钟就赚了650美元。他们发现：他们手头最有价值的资源既不是去售卖自己的时间，也不是去卖面子，而是售卖他们班上的同学——这些人才才是社会最需要的。

可见，创新思维的“新”，主要“新”在三个方面。一是思路新，突破陈规看问题，另辟蹊径想问题。思路决定出路，思路不落窠臼，出路才能巧妙。二是方法新，不局限于常规方法，敢用新手段，试用新工具，因为方法得当而事半功倍。三是结果新，凡是创新思维的成果，不论是生产活动还是科学实验中的新发明、新发现，或者理论上的新见解、新论证，总有其新颖独到之处。

【设计意图】通过开展“创意PK”活动，引导学生运用创新思维，锻炼创新能力，并在参与活动的过程中感受和理解创新思维“新”在何处。

【板书设计】

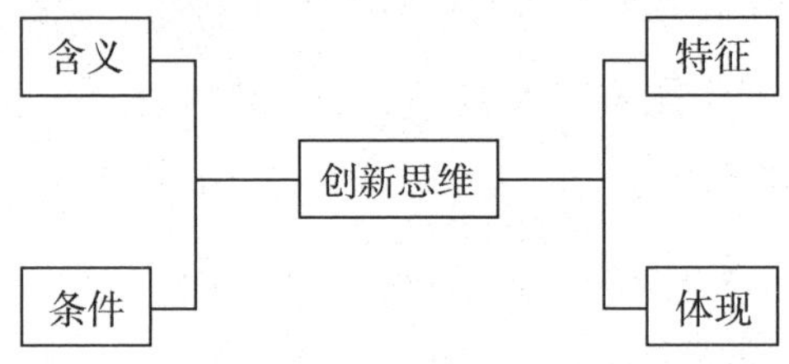

环节三 体验导行，升华议题

党的二十大报告指出：“必须坚持守正创新。我们从事的是前无古人的伟大事业，守正才能不迷失方向、不犯颠覆性错误，创新才能把握时代、引领时代。我们要以科学的态度对待科学、以真理的精神追求真理，坚持马克思主义基本原理不动摇，坚持党的全面领导不动摇，坚持中国特色社会主义不动摇，紧跟时代步伐，顺应实践发展，以满腔热忱对待一切新生事物，不断拓展认识的广度和深度，敢于说前人没有说过的新话，敢于干前人没有干过的事情，以新的理论指导新的实践。”

【议学活动】请你以“创新思维”“我”“中国”为关键词，面向广大青少年撰写一份倡议书，不少于150字。

【设计意图】青年兴则国家兴，青年强则国家强。通过撰写倡议书，既进一步增强学生对创新思维及其重要性的认识，也引导学生认识到包括青少年在内的每一个人在实施创新驱动发展战略、建设创新型国家中的责任和担当。

八、课外活动

阅读《创新思维训练与方法》等相关图书，结合创新思维的特征把握训练和提升创新思维的方法；或者到当地科技创新中心参观调查，结合创新思维的条件和表现理解当地的创新成就。

九、教学反思

该教学设计的优点主要体现在以下几个方面：

第一，教学环节清晰，设置科学合理。通过创境激趣，提出议题——引思明理，解决议题——体验导行，升华议题教学三部曲，将生活逻辑和知识逻辑有机结合，符合学生的思维特点和学习规律。

第二，坚持议题引领，注重活动驱动。围绕教学主要内容，在总议题“创新思维‘新’在何处”的引领下设置三个分议题，通过案例探究、搜集论证、创意 PK、撰写倡议书等活动，引导学生主动思考、主动探究、深度参与课堂，提升学习效果，有效达成教学目标。

第三，凸显价值导向，提升核心素养。在案例的选择、活动的设计中，坚持典型性、时代性、价值引领性等原则，注重对学生政治认同、科学精神、公共参与等学科核心素养的培养。

该教学设计的主要问题是，个别案例不够新颖典型，个别活动的设计创新性不够。

第四部分　大学“马克思主义基本原理”

第二章《实践与认识及其发展规律》

第三节《认识世界和改造世界》

三、坚持守正创新，实现理论创新和实践创新的良性互动

□山东师范大学　吴春雷

一、教材分析

本部分内容对应教材第二章《实践与认识及其发展规律》第三节《认识世界和改造世界》的第三个大问题。教材首先简要阐述了创新的基本含义、基本形式，并引用习近平总书记关于理论创新与实践创新良性互动的重要论述导入本课主要内容。本课内容由三个分问题组成，这三个分问题在逻辑上层层递进，辩证统一。第一个分问题是“实践创新为理论创新提供不竭的动力源泉”，以实践决定认识的马克思主义认识论基本观点为基础，结合当代中国发展实际，主要阐述习近平新时代中国特色社会主义思想产生的时代背景与实践逻辑。第二个分问题是“理论创新为实践创新提供科学的行动指南”，深刻阐明了理论创新对社会发展与变革的重大意义、对党和国家事业发展的重大意义。第三个分问题是“努力实现理论创新与实践创新的良性互动”，重点论述了如何实现理论创新和实践创新的良性互动，如何以科学的态度对待马克思主义中国化进程中的理论创新。

二、学情分析

从认知结构来看，学生在高中阶段必修四中已经学习了“世界是永恒发展的”框题，在选择性必修三中进一步学习了“创新思维的含义与特征”。在“马克思主义基本原理”课第一章已经系统学习了唯物辩证法的发展观、辩证否定观，明晰了创新的辩证法哲学依据。第二章第一节学习了实践与认识的辩证关系，掌握了马克思主义认识论的基本观点，但学生对创新的基本内涵与表现形式缺乏深入的理解，对在理论创新与实践创新的良性互动中发展21世纪马克思主义的理论逻辑、历史逻辑与实践逻辑仍缺乏全面、深入的了解。

从思维特点来看，授课对象为大二学生，学生对创新的必要性和重要性有一定的理性认识，对创新在国家、社会和个人发展中所有的重要意义有自身的独立见解，思维活跃，但仍需进一步引导。

从情感特点来看，本部分内容紧密联系党的理论创新与经济社会发展实际，紧密联系大学生的关注热点和思想困惑，学生易于理解和接受，但“马克思主义基本原理”课的特点决定了课程内容的学理性和逻辑性较强，这在一定程度上会影响学生学习的积极性。

三、教学目标

1. 知识目标：了解创新的基本内涵和表现形式，把握党和国家在实践发展基础上不断推进理论创新的重大意义，明晰当代中国马克思主义理论创新的内在规律。

2. 能力目标：深刻理解在理论创新与实践创新的良性互动中习近平新时代中国特色社会主义思想产生的历史必然性。

3. 情感和价值观目标：结合中国特色社会主义的创新发展过程，特别是结合中国共产党的百年奋斗历程，深刻体认党进行理论创新的巨大理论勇气和政治勇气，做到以科学的态度看待马克思主义的创新与发展。

四、教学重点难点

1. 教学重点：实践创新与理论创新的辩证统一关系。

2. 教学难点：在理论创新与实践创新的良性互动中发展21世纪马克思主义的实践要求。

五、教学方法

教学方法有案例分析教学法、互动式教学法、研究式教学法、讲授式教学法等。

六、教学过程

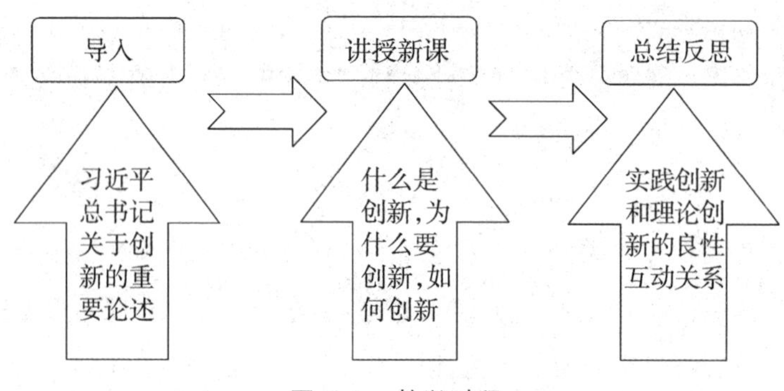

图 6-1　教学过程

【导入】党的十八大以来，习近平总书记高度重视创新发展，在多次讲话和论述中反复强调“创新”。

一是把创新摆在国家发展全局的核心位置。

面对日益激烈的国际竞争，我们必须把创新摆在国家发展全局的核心位置，不断推进理论创新、制度创新、科技创新、文化创新等各方面创新。

——2016 年 4 月 26 日，习近平在安徽合肥主持召开知识分子、劳动模范、青年代表座谈会

二是推进理论创新、实践创新、制度创新以及其他各方面创新。

世界每时每刻都在发生变化，中国也每时每刻都在发生变化，我们必须在理论上跟上时代，不断认识规律，不断推进理论创新、实践创新、制度创新、文化创新以及其他各方面创新。

——2017 年 10 月 18 日，习近平在中国共产党第十九次全国代表大会上的报告

1. 什么是创新？

习近平总书记关于创新的重要论述，涵盖了科技、人才、文艺等方面的创新，以及在理论、制度、实践上的创新。那么，究竟什么是创新？创新的基本内涵是什么？

【案例展示】

案例一：突破旧观念。

视频：邓小平南方谈话关于“计划和市场都是经济手段”的重要论断。

案例二：突破旧理论。

经典著作选读：《毛泽东选集》（第一卷）之《星星之火，可以燎原》。毛泽东关于农村包围城市、武装夺取政权思想的提出，是对共产国际强调中国革命必须坚持以城市为中心指导思想的突破。

案例三：突破旧模式。

马云的创业故事：电子商务对传统零售商业模式的突破。

案例四：突破旧做法。

小岗村18个红手印的故事：率先打破“人民公社”大锅饭。

【学生思考】通过对上述案例的解读，启发学生尝试给创新下一个定义。

【教师总结】创新就是破除与客观事物进程不相符合的旧观念、旧理论、旧模式、旧做法，在继承历史发展成果的基础上，发现和运用事物的新联系、新属性、新规律，更有效地进行认识世界和改造世界的活动。

人类的创新活动具有丰富的内容和表现，包含知识创新、制度创新、科技创新、文化创新等各个方面。归结起来，主要是理论创新和实践创新两个方面，它们集中体现了人类在认识世界和改造世界中的创新活动。

【材料分析】党的二十大报告指出：“十八大以来，国内外形势新变化和实践新要求，迫切需要我们从理论和实践的结合上深入回答关系党和国家事业发展、党治国理政的一系列重大时代课题。我们党勇于进行理论探索和创新，以全新的视野深化对共产党执政规律、社会主义建设规律、人类社会发展规律的认识，取得重大理论创新成果，集中体现为新时代中国特色社会主义思想。”

【学生思考】如何理解创立习近平新时代中国特色社会主义思想的时代必

然性？

2. 实践创新与理论创新的辩证关系

（1）实践创新为理论创新提供不竭的动力源泉

党的二十大报告指出：“实践没有止境，理论创新也没有止境。”

党的百年历史，就是一部理论创新史。

【互动环节】让学生回顾新民主主义革命时期以来党和国家面临的时代主题，启发学生理解党的指导思想与时俱进、不断创新的历史必然性。

表 6-1　时代主题与党的指导思想的内在关系

时代主题	指导思想创新
在中国这样一个落后的东方大国如何开展新民主主义革命、走上社会主义道路	毛泽东思想
什么是社会主义以及如何建设社会主义	邓小平理论
建设什么样的党，怎样建设党	“三个代表”重要思想
实现什么样的发展，怎样实现发展	科学发展观
新时代坚持和发展什么样的中国特色社会主义，怎样坚持和发展中国特色社会主义	习近平新时代中国特色社会主义思想

【教师总结】通过分析上述材料，可以得出以下结论：

理论创新不是空穴来风，不是主观任意，而是实践创新对理论的发展提出了与时俱进的新要求。时代变化和实践发展是理论创新的源头活水，要根据时代变化和实践发展进行理论总结和理论创新。

（2）理论创新为实践创新提供科学的行动指南

一百多年来，党的事业之所以能够不断发展，一个非常重要的原因就是中国共产党能够在坚持马克思主义基本原理的基础上，结合中国的实际不断地推进理论创新。

【研究讨论】通过分析表 6-1 中关于时代主题与党的指导思想创新的内在关系，讨论并分析理论创新对推动实践创新、对推动中国特色社会主义事业和党的事业发展的重大意义。

在新民主主义革命时期，当中国革命陷入迷途遭受挫折失败的时候，以毛泽东同志为主要代表的中国共产党人创立了毛泽东思想，开辟了中国特色的革命道路，最终赢得了革命的胜利。

在社会主义建设时期，当我们党需要全面认真地纠正“文革”中及其以前的“左”倾错误，搞清楚究竟什么是社会主义以及如何建设社会主义的问题时，以邓小平同志为主要代表的中国共产党人形成了中国特色社会主义理论，开辟了中国特色社会主义道路。

当我们面对国际东欧剧变，国内社会经济成分、组织形式、利益分配和就业方式等发生广泛而深刻变化的条件下如何保持党的先进性的系列重大问题时，形成了“三个代表”重要思想，才使我们党经受住严峻考验，成功地把党的建设推进到21世纪。

党的十六大以后，我国进入发展的关键时期、改革的攻坚时期和社会矛盾的凸显时期，以胡锦涛同志为主要代表的中国共产党人，形成了以人为本、全面协调可持续发展的科学发展观，把握住发展的重要战略机遇期，成功在新世纪新阶段坚持和发展了中国特色社会主义。

党的十八大以来，世界面临百年未有之大变局，中国特色社会主义进入了新时代，正处在实现中华民族伟大复兴第二个百年目标的奋斗征程中，以习近平同志为核心的党中央带领全党创造出新时代中国特色社会主义思想。习近平新时代中国特色社会主义思想源于实践又指导实践，是中国特色社会主义理论创新和实践创新良性互动的智慧结晶，为新时代坚持和发展中国特色社会主义、推进党和国家事业提供了基本遵循和行动指南。

【学生总结】实践反复证明：实践创新基础上的理论创新，是党的生命力所在，是保持马克思主义政党与时俱进理论品格的重要途径，是坚持和发展中国特色社会主义的思想引领，是我们战胜无数艰难险阻、赢得伟大斗争新胜利的力量源泉。

（3）努力实现理论创新与实践创新的良性互动

【学生思考】何为二者的良性互动?

【教师总结】从前两个问题的分析中可以看出，理论创新与实践创新的良性互动，指理论创新与实践创新之间存在良好的、积极的相互作用和相互影响，或者说二者之间形成相互激发、共同促进的因果关系。

【学生思考】如何实现二者的良性互动？

【案例分析】回顾改革开放以来党对市场经济作用与地位的认识，对中国特色社会主义基本经济制度的认识，对党的建设伟大工程的认识。

【知识链接】尊重客观规律与发挥主观能动性的辩证关系。

【教师总结】理论创新与实践创新的良性互动并不是自然而然实现的，而是需要人的努力才能实现。正确把握二者的创新关系，在尊重规律的基础上发挥人的主观能动性，是使互动过程呈现良性运动状态的基础保障，也是顺利实现马克思主义理论创新发展的关键。

【理论拓展】实践创新和理论创新的良性互动，决定于三个因素：一是改革开放实践的内在品质，二是马克思主义理论的实践性和与时俱进的品格，三是创新主体的科学态度、创新思维和实践精神。这三个方面紧密相连、缺一不可，其内在联系构成了当代中国马克思主义理论创新的一条重要规律。

【课堂总结】中国特色社会主义是一个不断创新发展的过程，其理论和实践的逻辑是：新时代提出新课题，新课题催生新理论，新理论引领新实践。实践没有止境，理论创新也没有止境。我们党要结合新时代的新实践，不断推进新时代的理论创新。

七、课外活动

1. 参观山东省济南市章丘区三涧溪村，深刻感悟理论创新指导乡村振兴实践创新的巨大成就。

2. 参观山东浪潮集团，学习基于互联网思维的大数据重塑式创新，感受科技创新魅力。

八、教学反思

本课内容是在掌握了创新的哲学依据、客观规律性与主观能动性辩证关系、实践与认识的辩证关系等知识的基础上进行的综合深化学习。课程讲授过程中要始终坚持将“实践创新与理论创新的良性互动关系”作为一根红线贯穿课堂始终，以多媒体为教学手段，灵活运用多种教学方法，使学生深刻认识到推进实践创新和理论创新的重大意义和实践要求。从教学的实践过程来看，关于实践创新和理论创新的内容具有较强的理论性和逻辑性，单纯的理论讲授比较枯燥，学生不易理解和接受。授课过程中要特别注意将理论与实践相结合，善于启发学生从具体的案例展示和材料分析中得出结论，避免纯粹的空洞的理论说教。

主题七

厚植家国情怀　实现伟大梦想

第一部分 小学“道德与法治”

三年级下册第二单元《我在这里长大》

第七课《请到我的家乡来》

第二课时《我是家乡小导游》

□山东省实验小学 王莹

一、课标要求

《义务教育道德与法治课程标准》（2022 年版）第四部分“课程内容”第二学段学习主题“国情教育”内容要求“感受身边的变化，了解家乡的发展，对祖国未来充满信心”。

二、教材分析

《我是家乡小导游》一课是《道德与法治》（部编版）三年级下册第二单元第七课《请到我的家乡来》第二课时的教学内容。本课重点通过观察、访问、调研、查阅资料等不同方式，引导学生了解家乡的自然风光，通过“争当家乡小导游”“会当家乡小导游”“我是家乡小导游”等活动环节，培养学生探究、交流、分享的能力，增进对家乡自然风光的了解，感知家乡的美。

三、学情分析

三年级是小学生知识、能力、情感价值观形成的关键时期。他们有了一定的学习习惯和探究能力，对自我、家庭、班级、社会开始有浅显的认识，但对“家乡”的概念较为模糊。大多数学生对某个景点比较熟悉，有所认知，但对家乡还没有大的概念及认真的思考。这需要在教学中有意识地指导学生通过对家乡自然环境的了解，以点带面，进而了解自己的家乡，逐步建立对家乡的认同，激发学生热爱家乡的真情实感。

四、教学目标

1. 通过观察、访问、调研、查阅资料等不同方式，引导学生了解家乡的自然风光，感知家乡的美。

2. 通过创设情境，指导学生在交流分享中呈现自己对家乡自然风光和人文环境的初步认识。

3. 通过介绍家乡的景点、讲述家乡的故事，增进学生对家乡的了解，培养学生爱家乡、爱祖国的深厚情感。

五、教学重点难点

1. 教学重点：通过开展一系列的活动，增进学生对家乡的了解，激发学生对家乡的热爱之情。

2. 教学难点：引导学生了解家乡的自然风光，感知家乡的美，培养热爱家乡、热爱祖国的情感。

六、教学方法

教学方法有情景体验法、讲授法、分组讨论法、实践体验法。

七、教学过程

环节一　创设情境，争当家乡小导游

1. 创设情境，导入新课

【视频导入】播放央视视频报道《济南璀璨灯光秀　庆祝建党百年》（节选），创设情境，激发学生作为济南人的一份幸福与骄傲。结合时政，倡议学生一起行动起来，介绍济南的风景，争做家乡小导游。

【设计意图】通过视频引出本节内容：我是家乡小导游。

2. 交流认识，学习介绍景点

活动一：交流分享，梳理方法

学生结合课前调研，交流自己做的准备工作有哪些。教师结合教材内容与学生共同梳理查阅资料的多种有效做法。

活动二：视频采访，明确要求

视频采访导游阿姨，听取专业建议。师生共同梳理出介绍时的三个基本要求：（1）姿态大方，声音洪亮，语句通顺；（2）介绍词一般包括开头招呼用语、概括介绍和重点讲解三部分内容；（3）介绍内容资料丰富、形式多样，这样更加引人入胜。

【设计意图】交流课前预习的方法，可以强化学生认识，提升学生能力，让不同层次的学生在课堂上都有所进步。专业导游阿姨的建议：一是让学生明确如何简洁地介绍家乡景点；二是让学生感知向专家请教的学习方式，很多时候可以达到事半功倍的效果。

环节二 讨论交流，会当家乡小导游

1. 组内交流，介绍家乡风光

（1）学生结合课前已有资料，利用课上所学，再次细化自己的介绍材料。

（2）学生根据自己前期预习单上讲述的景点，自由分成2—5 人的学习小组。选择相同景点内容的学生首选组成一个小组，其他选择相近景点或愿意一起合作学习的学生组成一个小组。

（3）组内交流，试做小导游。小组学习要求：点评亮点，推选出组内优秀小导游。

2. 班级展示，点赞亮点内容

请优秀小导游在班级进行展示，学生们自由点评：点赞亮点内容，提出自己的建议。在互动中评选优秀小导游和智慧小听众。

【设计意图】结合学习收获与专业人士的建议，学生做课前预习内容的二次梳理，是课堂上的真实过程，是学以致用的成长过程。从组内交流到班级展示，不断强化的是“点赞亮点”，给予三年级学生课上表达的信心和方法，有利于学生的身心成长。学生在介绍中感受家乡的魅力，感受自我成长的喜悦，感受分享的快乐，是尤为重要的。在班级展示环节，加入智慧小听众的评选，一是引导学生学会倾听，养成边听边思考的良好习惯；二是鼓励大家给优秀的学生以建议，参与其中的学生也能有所成长、有所收获。

环节三 分享收获，我是家乡小导游

1. 活动三：家乡风光巧分类

（1）结合学生们课前准备的资料和小组资料袋里所提供的不同风光的图片，组内讨论分类，感受家乡济南的大美风光，如特色泉水系列、历史文化圣地、红色教育基地、时代新地标等。

（2）结合图片，分组交流，定义主题，引导学生从点到面地了解家乡的特色风景，提升学生对家乡的认识。

2. 教师简单介绍家乡，引导学生感受百年济南的文化与发展

结合视频，引导学生基于前期的认知感受家乡济南的历史文化与发展变迁，提升学生对家乡的了解与热爱。

3. 引导学生再次进行小组合作学习

展示要求，让学生进行团队合作，结合前期准备内容，借用视频和已有图片信息共同打造组内一处景点的导游介绍。

【设计意图】从介绍家乡风景入手，提高对家乡风景的整体感知，再结合老师图文并茂的介绍，激发学生热爱家乡的幸福感、荣誉感。这是基于学情认知的提升，是情感的深化，对深化本课主题有重要意义。

环节四 多元呈现，宣传家乡同践行

1. 活动四：团队合作，宣传家乡美景

团队展示，评选班级优秀导游团队。活动目的是强化团队合作，有意识地引导各组展示不同风格的风景介绍。

2. 交流感悟，分享本节课的收获，深化认识

【设计意图】在老师提升认识的基础上，再次安排团队介绍，点赞获奖后引导学生反思收获，这样的导游情景创设，意在以团队的力量选择景点，在资料研读、导游介绍中引导学生深化认识。这次呈现的不仅是景点特色，更是作为家乡小导游的一份自豪感与幸福感，是真情流露，更体现出本课学习的重要意义。

环节五 课外拓展，我为家乡代言

1. 课外反思，深入研究做代言

学生选择自己喜欢的景点进行更深入的研究，选择一种自己最喜欢的方式作代言展示。

2. 举办“我爱家乡，我代言”主题成果展

学生可以选择适合自己的代言展示形式，绘制明信片，做手抄报或手绘书，准备景点特色故事视频等。

【设计意图】从课上学习到课下探究，用所学知识丰富学生认知，引导学生选择自己喜欢的方式呈现“我爱家乡，我代言”主题成果，积极投身爱家乡、赞家乡的实践行动中，明理践行，深化家国情怀。

八、板书设计

我是家乡小导游

优秀导游团队

明确要求：姿态大方、语句通顺、重点突出、资料丰富、形式多样。

家乡风光巧分类：特色泉水系列、历史文化圣地、红色教育基地、时代新地标等。

九、教学反思

学生变身家乡小导游，在介绍中感受家乡的美，深化对家乡的认识，从而

激发学生热爱家乡的真情实感。教学立足“厚植家国情怀，实现伟大梦想”这一主题，有以下两个方面的思考：

一是感知家乡之美，“一条主线”以学生喜欢的方式助力成长。本课结合家乡实际灵活使用教材，密切联系学生生活经验，从介绍家乡风景入手，以风景图片的分类设计为切入点，从关注具体景点的细节探究，到回归家乡风景的整体感知，以培养学生学科素养为出发点和落脚点。设计中有意识地引导学生感受家乡风景的多样性、特色化，再结合老师图文并茂的介绍，激发学生热爱家乡的幸福感、荣誉感。整体看本课设计，“一条主线”贯穿其中，体现着思考与变化。从“争当、会当”家乡小导游，提升学生知识能力，到“我是家乡小导游，宣传家乡同践行”环节，增强学生作为家乡小主人的自豪感与责任感。

二是培养合作意识，“三次介绍”让学生在体验中主动思考领会。《义务教育道德与法治课程标准》（2022 年版）强调“加强课程内容与社会生活的联系”。本课设计三次不同形式的合作介绍活动，鼓励学生“做中学”“用中学”“创中学”，强化课程实践，驱动教学内容与方式的深层变革。第一次小组合作是奠定基础的合作。这次合作学生自由组合，2—5 人一组，首选第一组是课前预习选择相同主题研究的学生组，其次是选择相近主题内容的学生组，再次是平时喜欢合作的学生组。学生结合学习收获与专业人士的建议，先修改内容，再在组内展示。小组同学点赞亮点内容，推选优秀学生展示，给学生在课堂上展示与思考的机会。第二次合作是组内学生结合自己介绍的景点和资料袋里的图片，进行不同景点的分类。这样的分类过程引导三年级的学生从整体上看家乡，让学生获得认知能力的提升。这样的合作，让学生在交流中感受不同的思维模式。第三次合作是团队合作，共同介绍一个景点。这是团队整体呈现的过程，需要共同努力，以及相互的支持与鼓励。这是从团队中成长到团队共同成长的过程。

在教学实施中，关注三次不同形式和内容的介绍，要定位好目的意义，更要特别注意，关注介绍中的重点内容，让学生们有更多体验与感悟。在今后的教学中要更好把握节奏和内容的引导。

第二部分 初中“道德与法治”

九年级上册第八课《中国人 中国梦》

第一框《我们的梦想》

八年级上册第十课《建设美好祖国》

第一框《关心国家发展》

第一目《为祖国成就感到自豪》

□ 济南市历下区龙奥学校 张晓芹

一、课标要求

《义务教育道德与法治课程标准》（2022年版）第三部分“课程目标”中核心素养之“政治认同”第四学段要求“了解我国决胜全面建成小康社会取得的决定性成就和全面建设社会主义现代化强国的新征程；理解中国梦的内涵，树立为中华民族伟大复兴而奋斗的理想”“了解中国特色社会主义制度的优越性，坚定道路自信、理论自信、制度自信、文化自信，能够在生活和学习中自觉维护国家主权、尊严和利益”；“道德修养”第四学段要求“领会劳动对个人和社会的价值，形成诚实劳动、劳动创造美好生活的意识”；“健全人格”第四学段要求“理解个人与社会、国家和世界的关系，积极适应社会发展变化”；“责任意识”第四学段要求“具备国家利益高于一切的观念，能够以实际行动维护民族团结，捍卫国家主权”。

二、教材分析

本课教学内容是九年级上册第八课和八年级上册第十课第一框题第一目的整合，旨在引领学生了解国家建设目标及奋斗历程，最终激发学生为实现中华民族伟大复兴贡献力量的使命感。

九年级上册第八课的第一框题《我们的梦想》主要侧重于引导学生从历史的视角了解中华民族追求小康的梦想，从而更深刻地理解中国梦的内涵。第二框题《共圆中国梦》主要是帮助学生理解实现中国梦的路径，实现中国梦要坚持党的领导，要走中国道路、弘扬中国精神、凝聚中国力量。

八年级上册第十课第二框题《关心国家发展》的第一目主要侧重为祖国成就感到自豪，通过从不同方面关注国家发展，感受国家所取得的巨大进步，增强自豪感。

三、学情分析

初中阶段的学生正处在世界观、人生观、价值观形成的关键时期，加强理想信念教育和爱国主义教育是尤为重要的。九年级学生的辩证思维能力还比较弱，还不能理性、全面地看待社会的发展，对国家快速发展的原因也了解不多，对中国梦的美好蓝图、实现路径、领导力量、理论指导等内容也没有深入系统的了解。青少年学生有自己的美好梦想，但对国家和社会的发展思考不多，需要引导他们将个人梦和国家梦相结合，将自身成长和祖国发展相结合，从而为实现中华民族伟大复兴的中国梦添砖加瓦、贡献力量。

四、教学目标

1. 坚定为实现中华民族伟大复兴而奋斗的信念，感受我国社会主义现代化建设所取得的伟大成就，做自信的中国人。

2. 理解中国梦的内涵、实现路径和意义，培养用历史与发展的观点看问题的能力；培养信息搜集、理论联系实际的能力；结合中国梦，学会规划自己的人生，制订圆梦计划，提高公共参与能力。

3. 知道中国梦的内涵；明确“两个一百年”奋斗目标；懂得实现中华民族伟大复兴的中国梦，必须坚持党的领导，必须走中国道路、弘扬中国精神、凝聚中国力量。

五、教学重点难点

1. 教学重点：理解中国梦的内涵、实践路径和意义。

2. 教学难点：学会用历史与发展的眼光看问题。

六、教学方法

教学方法有情境教学法、探究式教学法、案例教学法。

七、教学过程

【导入新课】歌曲欣赏《我们都是追梦人》。

【教师引导】伴随欢快的音乐旋律和歌舞表演者追梦的喜悦，相信每个人的内心都有所触动，因为无论是演唱者、还是观众，都有一个共同点——追梦。我们每天认真活着，做好每项工作，凝聚力量，共同追梦。而每个普通人的梦连接在一起，就汇聚成了万众一心的中国梦。

那么，什么是中国梦？怎样实现中国梦？我们又能为实现中国梦做什么？带着这些问题，我们今天学习《共圆中华民族伟大复兴的中国梦》。

【设计意图】《我们都是追梦人》这首歌曲唱出了新时代中国人，尤其是青年一代的精神面貌，受到青少年的欢迎和喜爱。带领学生们欣赏歌曲，既可以调动学生的学习兴趣，又能够切入本课的主题，可谓一举多得。

【教师过渡】王国维在《人间词话》中说，古今之成大事业、大学问者，必经过三种之境界。今天，我们借用这三境界，把它放在国家、民族复兴的角度：为实现中国梦而努力奋斗者，必先领略三篇章：筑梦、追梦、圆梦。

环节一 筑梦篇——“昨夜西风凋碧树”

1. 中国梦的提出

活动一：你心目中未来中国的样子

【学生活动】大胆设想、描述自己心目中未来中国的样子。

【教师总结】同学们展开想象的翅膀，从经济、政治、文化、科技、生态等不同方面分享了自己对未来中国的美好憧憬。

【设计意图】本活动从学生的生活经验出发，让学生交流分享对未来中国的美好憧憬，从而建立起教材与学生生活经验的联系，同时顺势引入“中国梦”的话题。

【教师过渡】“昨夜西风凋碧树，独上高楼，望尽天涯路。”千百年来，中华民族一直在憧憬着美好的生活并为之努力。为了实现中华民族千百年执着追求幸福生活的社会梦想，有一个人高瞻远瞩，在心中勾勒出“中国梦”的宏伟蓝图。这个人是谁呢？

【多媒体展示】“大家都在讨论中国梦，我以为，实现中华民族伟大复兴，就是中华民族近代以来最伟大的梦想。”

——习近平在参观《复兴之路》的讲话（2012 年 11 月 29 日）

【教师引导】显然，这里的“中国梦”就是“实现中华民族伟大复兴”。换句话说，实现中华民族伟大复兴，简称“中国梦”。

2. 中国梦的内涵

【教师引导】习近平对中国梦战略思想作出过系统阐释。他指出，实现中华民族伟大复兴的中国梦，就是要实现国家富强、民族振兴、人民幸福。

活动二：探析中国梦的理解

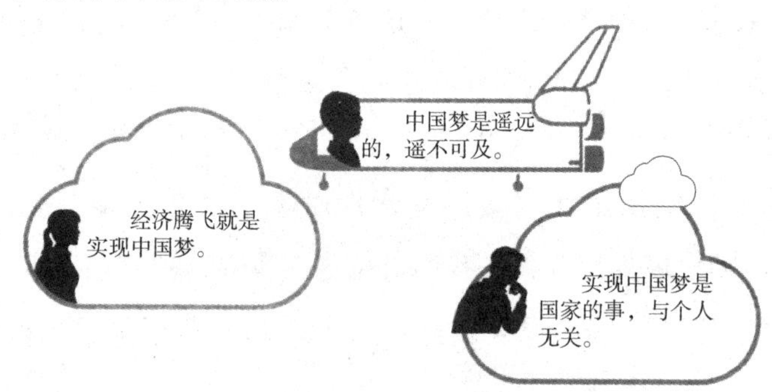

图 7-1　不同学生对中国梦的理解

【学生活动】以小组为单位开展合作学习，选取其中一个说法进行评析，并进行班内交流分享，谈谈自己对中国梦的理解。

【教师引导】实现中华民族伟大复兴，体现了中华民族和中国人民的整体利益，是国家的梦、民族的梦，也是每一个中国人的梦。

【材料呈现】

国家层面	民族层面	人民层面
中国梦就是强国梦。中国要成为强大的现代化国家，赢得世界认同，并成为引领世界发展的主导力量。	中国梦就是民族复兴梦。中华民族要对人类发展作出更大、更多、更重要的贡献。	中国梦归根到底是人民的梦。每一个中国人共同享有人生出彩的机会、共同享有梦想成真的机会，实现中国梦也需要每一个人的努力。

【设计意图】借助人们对中国梦的不同理解，引导学生全面准确地理解中国梦的内涵，培养全面看问题的能力，同时树立为实现中国梦而努力奋斗的担当意识。

3. “两个一百年”奋斗目标

【教师过渡】为了实现中国梦，中国共产党确立了“两个一百年”的奋斗目标，将实现中华民族的伟大复兴划分为具体的、明确的阶段性目标。

活动三：绘制时间轴，介绍“两个一百年”

【学生活动】结合九年级上册课本第 106、第 110 页的相关内容，绘制时间轴，介绍“两个一百年”奋斗目标。

【教师活动】适时补充党的二十大报告相关论述。

【展示时间表和路线图】

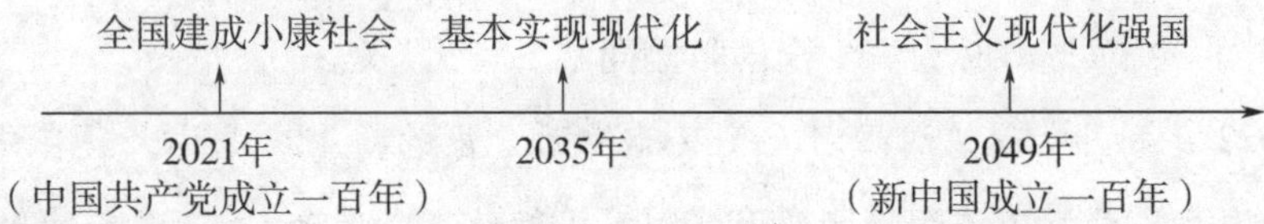

【教师总结】“两个一百年”奋斗目标向我们清晰展示了全面建成社会主义现代化强国的时间表和路线图。这幅美好的画卷徐徐展开，必将成为引领中国前行的时代号召。

【设计意图】学生往往容易混淆“两个一百年”奋斗目标的时间节点。通过绘制时间轴的活动方式，手脑并用，清晰地呈现时间点坐标，帮助学生内化理解。

环节二　追梦篇——“衣带渐宽终不悔”

【教师过渡】梦想是美好的，但梦想的实现是有条件的。谁来引领实现这项伟大而又艰巨的历史任务呢？

【学生回答】中国共产党。

【教师追问】中国共产党在中国梦的实现过程中发挥着怎样的作用？在中国共产党的领导下，国家对实现中国梦又有怎样的战略部署和政策举措？

【学生活动】学生阅读教材相关内容，找出答案。

【教师活动】教师进行阐释、总结。

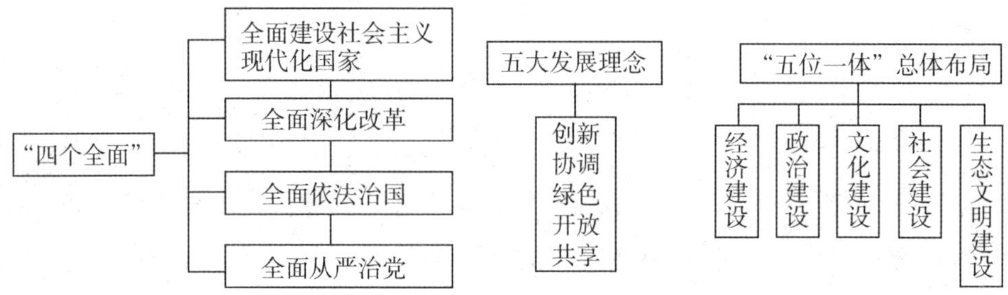

图 7-2　“四个全面”、五大发展理念、“五位一体”总体布局

【教师过渡】实现中国梦必须首先坚持党的领导。除此之外，实现中国梦还需要怎样做？接下来，我们关注两则新闻。

活动四：新闻速递

新闻一：重庆森林火灾　全国救援同心。

2022 年 8 月，受极端高温天气及其他因素影响，重庆森林火灾在短时间内集中发生，扑救工作面临诸多困难，救援行动迫在眉睫。成千上万救火者逆行上山，有本地的武警、消防、干部、民兵，有来自甘肃、四川、云南的专业队伍，更有大批自发组织起来的志愿者进行运输和补给……半个月内，重庆多起森林火灾扑救任务全线告捷。

新闻二：人类史上前所未见！我国建成全球最大新冠疫苗“兵工厂”。

一个年产能 30 亿剂的新冠疫苗生产车间应该有多大？答案是新冠疫苗最大“兵工厂”占地只有 3600 平方米，长 60 米、宽 60 米。这么窄小的面积，对于施工者而言，窄得施展不开一个塔吊，旁边建筑物的玻璃连廊更是让所有在半空中的钢筋铁骨“小心翼翼”。三期工程的困难超乎想象，而且一个接着一个。

在建设难度堪比登天的情况下，中国人却将这个不可能变成了可能。最终，全球最大新冠疫苗“兵工厂”以创造历史的姿态建成并投入使用。

设问一：结合上述新闻谈一谈你的感受。

设问二：推而广之，请谈一谈对实现中国梦有怎样的启示？

【学生活动】小组合作讨论。

【针对设问一，学生回答】我国各族人民大团结，一方有难八方支援；民族精神、中国精神等。

【教师追问】国家有难，全国各族人民众志成城，这是一种怎样的力量？在建设难度堪比登天的情况下，中国人却将这个不可能变成了可能，这是一种怎样的精神？从新中国成立 70 多年来的持续探索中，从改革开放 40 多年的伟大实践中，我们国家一直在致力于走一条怎样的道路？

【学生活动】发表看法。

【教师补充】实现中国梦必须走中国道路……实现中国梦必须弘扬中国精神……实现中国梦必须凝聚中国力量。

——习近平在十二届全国人民代表大会第一次会议上的讲话（2013 年 3 月 17 日）

【针对设问二，师生共同总结】（1）实现中国梦必须走中国道路。中国道路就是中国特色社会主义道路。

（2）实现中国梦必须弘扬中国精神。中国精神就是以爱国主义为核心的民族精神，以改革创新为核心的时代精神。

（3）实现中国梦必须凝聚中国力量。中国力量就是全国各族人民大团结的力量。

【设计意图】“怎样实现中国梦”这部分内容理论性较强，通过选取相应的社会热点，创设情境，层层设问，抽茧剥丝，较好地突破本课教学的重点难点。

【教师过渡】以上内容是国家层面上怎样实现中国梦。中国梦既是国家、民族的梦，也是每一个中国人的梦。因此，实现中国梦，也需要个人层面的努力。

【学生活动】聚焦感动中国2021年度人物评选，思考他们身上具备什么样的共同品质而感动你我。

崇尚科学、热爱祖国的大物理学家杨振宁；

身残志坚、自立自强，用奋斗创造幸福生活的张顺东李国秀夫妇；

超越伤病和年龄，超越自己，百折不挠的中国飞人苏炳添；

一直在战斗，一生都在坚守的“中国的保尔·柯察金”朱彦夫；

矢志报国的飞机设计专家——顾诵芬；

勇攀高峰、自立自强，用坚实的脚印把梦想化作现实的中国航天人等。

【教师点拨】无论是科学家、运动员，还是默默无闻的平凡人，他们都在传承一个民族生生不息的精神，引领时代风尚，他们是社会主义核心价值观的坚定践行者，更是时代的奋斗者。

【师生总结】实现中国梦离不开全体中国人的努力奋斗。

环节三　圆梦篇——“众里寻他千百度”

【教师过渡】“众里寻他千百度，蓦然回首，那人却在灯火阑珊处。”凭着逢山开路、遇水架桥的闯劲和滴水穿石的韧劲，终于，我们梦想初成。

活动五：“我眼中的祖国发展”

【活动要求】课前以小组为单位搜集、整理新时代以来的国家发展成就，教师择优在课上展示分享。

【学生活动】课上展示：我国脱贫攻坚战取得全面胜利，完成消除绝对贫困的艰巨任务，创人间奇迹；中国成为世界经济增长第一动力；神舟十五号载人飞船成功发射等。

【教师点拨】我们为祖国的伟大成就感到自豪，对未来发展充满信心。在党的领导下，中国特色社会主义事业不断取得巨大新成就，国家富强、民族振兴让中国人更加自信。

【教师补充】从现在起，中国共产党的中心任务就是团结带领全国各族人民全面建成社会主义现代化强国、实现第二个百年奋斗目标，以中国式现代化全面推进中华民族伟大复兴。

——习近平在党的二十大上作的讲话（2022 年 10 月 16 日）

【教师总结】目前，我国已全面建成小康社会，中华民族伟大复兴向前迈出一大步。只有我们踔厉奋发、团结奋斗，就一定能够把我国建成富强民主文明和谐美丽的社会主义现代化强国。

【设计意图】通过了解国家发展成就，激发学生的爱国热情，增强民族认同感和自豪感，为肩负时代责任和历史使命奠定基础。

【结语】少年强则国强，中国梦也终将在一代代青年的接力奋斗中变为现实！让我们以梦为马，不负韶华，共圆中华民族伟大复兴的中国梦！

八、课外活动

习近平总书记说：“我们都在努力奔跑，我们都是追梦人。”为此，我们要共圆中国梦，共享出彩人生。你准备怎样实现个人梦想，助力中国梦？请设计一份自己的圆梦计划书。

九、教学反思

本课教学设计对教学内容作了有效整合，编写教学设计的过程中感受较深的有以下几点。一是教学内容容量大，按照筑梦——追梦——圆梦的逻辑顺序进行设计，创造性地组织了教学内容，整合了九年级上册和八年级上册共三个框题的部分内容。二是注重学生的情感体验和道德实践。通过欣赏歌曲《我们都是追梦人》、描绘心目中未来中国的样子、绘制时间轴、新闻速递、我眼中的祖国发展等活动方式，创设丰富的教育情境，引导和帮助学生通过亲身经历与感悟，获得情感体验，深化思想认识，提高道德践行能力。三是努力使思政课充满文化。通过播放学生喜欢的带有青春气息的歌曲、引用王国维《人间词话》的三个境界，体现“道德与法治”课的文化含量，让思政课“美起来”。

第三部分 普通高中“思想政治”

必修1《中国特色社会主义》

第四课《只有坚持和发展中国特色社会主义才能实现中华民族伟大复兴》

第二框《实现中华民族伟大复兴的中国梦》

□山东省实验中学 程春娴

一、课标要求

《普通高中思想政治课程标准》（2017年版，2020年修订）第四部分“课程内容”必修课程“模块1：中国特色社会主义”内容要求“2.3论证中国特色社会主义是当代中国发展的根本方向，坚定坚持和发展中国特色社会主义的自信。2.4阐明中国特色社会主义进入新时代，我们比历史上任何时期都更接近、更有信心和能力实现中华民族伟大复兴的目标，明确把爱国情、强国志、报国行自觉融入坚持和发展中国特色社会主义事业、建设社会主义现代化强国、实现中华民族伟大复兴的奋斗之中”。

二、教材分析

本框题包括三目内容。第一目是《中国梦的本质是国家富强、民族振兴、人民幸福》，主要内容包括：中国梦是近代以来中华民族最伟大的梦想，中国梦是人民的梦、民族的梦、国家的梦，把国家的追求、民族的向往、人民的期盼融为一体，阐释了中国梦的本质。第二目是《新时代中国共产党的历史使命》，讲述了中国共产党人的初心和使命，阐述了实现中华民族伟大复兴的历史使命，必须进行伟大斗争、建设伟大工程、推进伟大事业。第三目是《分两步走建成社会主义现代化强国》，阐述了新时代中国特色社会主义发展的战略安排，为实现这一战略安排，我们每个人都要不懈奋斗。第一目讲述了什么是中国梦，第二目、第三目从不同角度阐述如何实现中国梦。

三、学情分析

从认知结构来看，学生能够说出“中国梦”这个词语，但不了解其科学内涵，不清楚实现中国梦在领导力量、时间表、路线图以及实践主体等方面的具体安排，而这些内容理论性、政策性很强，与学生的现实生活贴合度不高，学生受年龄所限，相关话语储备和理论储备不足，识记和理解起来都比较困难。本框内容比较宏大，对于高一学生的认知能力来说是一个巨大的挑战。

从情感特点来看，学生通过以往学段的学习，对实现中国梦有着 定的认同，但对于怎样实现中国梦，实现中国梦我能做什么的认知还需拓宽视野，打牢情感基础、提升行动自觉。

四、教学目标

1. 通过回顾历史，理解中国共产党人的初心和使命，并明确近代以来中华民族最伟大的梦想，理解中国梦的本质，以及为实现伟大梦想要进行伟大斗争、建设伟大工程、推进伟大事业。

2. 通过回顾历史和观照现实，了解新中国成立以来中国共产党建设社会主义现代化国家的目标和步骤，明确全面建设社会主义现代化国家的新征程。

五、教学重点难点

1. 教学重点：开启全面建设社会主义现代化国家新征程。

2. 教学难点：理解中国梦的本质。

六、教学方法

教学方法有议题式教学法、辨析式教学法、探究式教学法、讲授法等。

七、教学过程

【导入新课】心怀梦想是中华民族的精神禀赋。在世界四大文明古国中，其他文明在历史长河中或是中断或是湮灭，唯有中华文明生生不息、有国有史一直传承至今。

【展示古诗文】民亦劳止，汔可小康。——《诗经·大雅·民劳》

大道之行也，天下为公。选贤与能，讲信修睦。故人不独亲其亲，不独子其子，使老有所终，壮有所用，幼有所长，矜寡孤独废疾者，皆有所养。男有分，女有归。货，恶其弃于地也，不必藏于己；力，恶其不出于身也，不必为己。是故谋闭而不兴，盗窃乱贼而不作。故外户而不闭。是谓大同。——《礼记·礼运》

这些内容反映了人们在动荡社会中渴望安定的小康生活以及建设美好社会的梦想。当历史的指针滑到近现代，中华民族的伟大梦想精神持续迸发，实现中华民族伟大复兴的中国梦成为共同愿景和高昂旋律！

【总议题】如何实现中华民族伟大复兴的中国梦？

环节一　于历史中读复兴

分议题1：如何深刻理解中国梦的本质？

【议题情境】情境一：有着5000多年文明史的中国在历史上曾长期走在世界前列。中国古代的四大发明造福全世界。16世纪以前，影响人类生活的300项重大科技发明中，中国人占175项。李约瑟在《中国科学技术史》中写道："在现代科学技术登场前十多个世纪，中国在科技和知识方面的积累远胜于西方。"中国历史上先后出现的文景之治、贞观之治、康乾盛世等，彰显了经济文化发展的繁荣景象和中国社会治理的博大智慧。

情境二：鸦片战争后，由于西方列强的入侵和封建统治的腐败，中国逐渐成为半殖民地半封建社会，山河破碎，生灵涂炭，中华民族遭受了前所未有的苦难。1842年的《南京条约》、1858年的《天津条约》、1860年的《北京条约》、1895年的《马关条约》、1901年的《辛丑条约》，一部中国近代史就是一部刻骨铭心的血泪史、苦难史、屈辱史。只有历经苦难的民族，才对复兴有如此深切的渴望。

情境三：习近平总书记明确提出中华民族伟大复兴的中国梦。新中国成立70多年以来，我们聚心汇力，从站起来、富起来到强起来，展开了比历史上任何时期都更接近中华民族伟大复兴梦想的“时间逻辑”。人民就是江山，江山就是人民，人民对美好生活的向往就是我们的奋斗目标；各国命运紧相连，携手世界各国推动构建人类命运共同体。

【议学思考】结合情境，谈谈对“复兴”的理解。

【设计意图】通过情境对比，引导学生深刻思考在中国梦的表述中“复兴”二字的来源，何谓“复”、何谓“兴”，并进一步通过情境三引导学生认识到，复兴不是复古，它有着时代内涵，有着人民立场和世界情怀，是更高层次的“复”。而对这些问题的理解，可以自然得出中国梦的本质和内涵。

【议学提示】“复”是重复、回复，“兴”是兴旺、繁荣，“复兴”字面上的意思就是再造曾经有的辉煌。中国历史上曾经多次出现长时期的辉煌，只有如此具有悠久历史和辉煌文明的国家才称得起复兴；中国梦也迸发于近代痛彻的历史，近代以来的屈辱强烈地激发了中国的民族复兴意识。

【展示名言】只有创造过辉煌的民族，才懂得复兴的意义；只有经历过苦难的民族，才对复兴有如此深切的渴望。——习近平

引导学生关注情境三，思考复兴是否等于“复古”，我们所要实现的和曾经的辉煌有什么不同。这里要突出人民梦和世界梦。中华民族伟大复兴的中国梦，本质是国家富强、民族振兴、人民幸福。国家富强，就是要全面建成小康社会，并在此基础上建设富强民主文明和谐美丽的社会主义现代化强国；民族振兴，就是要使中华民族更加坚强有力地自立于世界民族之林，为人类作出新的更大的贡献；人民幸福，就是要坚持以人民为中心，增进人民福祉，促进人的全面发展，朝着共同富裕的方向稳步前进。

中国梦把国家的追求、民族的向往、人民的期盼融为一体，体现了中华民族和中国人民的整体利益，表达了每一个中华儿女的共同愿景，成为中华民族团结奋斗的最大公约数和最大同心圆。“得其大者可以兼其小。”中国梦是国

家的梦、民族的梦，也是每一个中华儿女的梦，就是要让每个人获得发展自我和奉献社会、人生出彩和梦想成真的机会。

中国梦归根到底是人民的梦，必须紧紧依靠人民来实现，必须不断为人民造福。人民是中国梦的主体，是中国梦的创造者和享有者，中国梦的深厚源泉在于人民，根本归宿也在于人民，只有同人民对美好生活的向往结合起来才能取得成功。

“穷则独善其身，达则兼济天下。”中国梦也同世界人民的梦想息息相通。中国一心一意办好自己的事情，实现国家发展和稳定，既是对自己负责，也是为世界的发展作贡献。中国人民深知，中国发展得益于国际社会，愿意同各国人民在实现各自梦想的过程中相互支持、相互帮助。中国将同国际社会一道，推动实现持久和平、共同繁荣的世界梦，为人类和平与发展的崇高事业作出新的更大的贡献。

环节二　于变局中谋新局

分议题2：面对百年未有之大变局，中国共产党如何“在危机中育新机，于变局中开新局，从复杂中谋复兴”？

【议题情境】百年是指一个相对较长且正在发生巨大变化的历史时期，具体来说，世界经济重心从大西洋两岸向太平洋两岸转移，新的科技革命浪潮的出现也催生了很多新产业。传统的G7统领世界的政治格局正在发生变化，G20发挥的影响更大，更为广泛，更为深远。一些国家退群、脱欧，逆全球化的现象开始频频出现。尤其是新冠肺炎疫情的暴发引发了世界之变，现在对世界经济的影响已经十分深远，并且很有可能影响全球化进程和世界政治格局的变化。

【议学思考】我们靠什么应对百年未有之大变局？

【设计意图】引导学生树立历史观、大局观，深刻认识大变局的变动趋势，发现危与机并存的现状，思考中国在变局中的角色和应对措施，根据中国取得的成就、积累的经验明确坚持党的领导，并理解实现中华民族伟大复兴的历史使命必须进行伟大斗争、建设伟大工程、推进伟大事业。

【议学提示】我们在面临百年未有之大变局时，机遇和挑战并存，重要的是沉着应对，化危为机。学生在思考过程中可以进行提示，抗疫胜利我们靠什么？抗击河南雨灾我们有什么？云谲波诡的国际形势中我们自立自强凭什么？帮助学生得出结论，树立制度自信、道路自信、文化自信，那就是始终坚持党的领导、坚持走中国特色社会主义道路、始终保有清醒的危机意识、不断弘扬伟大的民族精神。学生上台进行连线，将思考所得经验与伟大工程、伟大斗争、伟大事业对号入座，加深对知识的理解。

具体来说，中国共产党人的初心和使命，就是为中国人民谋幸福，为中华民族谋复兴。办好中国的事情，关键在党。党的二十大报告指出："从现在起，中国共产党的中心任务就是团结带领全国各族人民全面建成社会主义现代化强国、实现第二个百年奋斗目标，以中国式现代化全面推进中华民族伟大复兴。"历史已经并将继续证明，没有中国共产党的领导，民族复兴必然是空想，这就必须深入推进党的建设新的伟大工程。中国共产党要始终成为时代先锋、民族脊梁，始终走在时代前列，成为全国人民的主心骨和坚强的领导核心，成为马克思主义执政党，自身必须始终过硬。中国共产党要不断增强政治领导力、思想引领力、群众组织力、社会号召力，以永葆旺盛的生命力和强大的战斗力。

实现伟大梦想，必须进行伟大斗争，中国共产党要团结带领人民有效应对重大挑战、抵御重大风险、克服重大阻力，解决重大矛盾，必须进行具有许多新的历史特点的伟大斗争，并充分认识这场伟大斗争的长期性、复杂性、艰巨性，发扬斗争精神，提高斗争本领，警惕"黑天鹅"，防范"灰犀牛"，不断夺取伟大斗争新胜利。

实现伟大梦想，必须推进中国特色社会主义伟大事业。发展中国特色社会主义是改革开放以来党的全部理论和实践的主题。我们要更加自觉地增强道路自信、理论自信、制度自信、文化自信，保持政治定力，坚持实干兴邦，始终坚持和发展中国特色社会主义。

伟大斗争、伟大工程、伟大事业、伟大梦想，紧密联系、相互贯通、相互作用，其中起决定性作用的是党的建设新的伟大工程。

环节三 于对比中看变化

分议题3：如何准确认识并把握大有可为的历史机遇期？

【议题情境】

第一组对比：

康乾盛世末期，由于对洋人的戒惧，大清王朝闭关锁国，中国错过了第一次工业革命；洋务运动因封建统治的顽固与腐败而失败，中国再次错失追赶世界的机会；辛亥革命后，第二次工业革命机遇出现，但当时中国由于军阀混战而注定与现代化无缘；国民政府建立后，发展机遇再次到来，而日本侵略战争摧毁了近代中国最后一次现代化努力。

当前，我国发展处于可以大有所为的重要战略机遇期，我国发展的有利条件、内在优势和长期向好趋势没有改变，社会大局保持稳定。和平、发展、合作仍然是时代潮流，世界多极化趋势更加明显，经济全球化继续深入发展，国际环境总体上仍有利于我国的和平发展。

第二组对比：

原“三步走”战略目标：第一步，从1981年到1990年，国民生产总值翻一番，解决人民的温饱问题；第二步，到20世纪末，国民生产总值再翻一番，人民生活达到小康水平；第三步，到21世纪中叶，人均国民生产总值达到中等发达国家水平，人民生活比较富裕，基本实现现代化。

新时代“两步走”战略安排：第一步，从2020年到2035年，在全面建成小康社会的基础上，再奋斗十五年，基本实现社会主义现代化；第二步，从2035年到本世纪中叶，在基本实现现代化的基础上，再奋斗十五年，把我国建成富强民主文明和谐美丽的社会主义现代化强国。

第三组对比：

2035年基本实现社会主义现代化的目标要求（节选）：到2035年时，我国经济实力、科技实力、综合国力将大幅跃升……进入创新型国家前列……建成现代化经济体系。基本实现国家治理体系和治理能力现代化……建成文化强国、教育强国、人才强国、体育强国、健康中国……广泛形成绿色生产生活方式，……美丽中国建设目标基本实现……人均国内生产总值达到中等发达国家水平……基本公共服务实现均等化……人的全面发展、全体人民共同富裕取得更为明显的实质性进展。

到本世纪中叶时，建成富强民主文明和谐美丽的社会主义现代化强国的目标要求：我国物质文明、政治文明、精神文明、社会文明、生态文明将全面提升，实现国家治理体系和治理能力现代化，成为综合国力和国际影响力领先的国家，全体人民共同富裕基本实现，我国人民将享有更加幸福安康的生活，中华民族将以更加昂扬的姿态屹立于世界民族之林。

第四组对比：

中国式现代化，是中国共产党领导的社会主义现代化，既有各国现代化的共同特征，更有基于自己国情的中国特色。中国式现代化是人口规模巨大的现代化，是全体人民共同富裕的现代化，是物质文明和精神文明相协调的现代化，是人与自然和谐共生的现代化，是走和平发展道路的现代化。

西方的现代化走的是“富者累巨万，贫者食糟糠”的两极分化道路；走的是物质主义膨胀的现代化；走的是环境污染、资源高耗的路子；走的是暴力掠夺殖民地，以其他国家落后为代价的现代化道路。

【议学思考】四组对比分别告诉我们什么？共同启示我们什么？

【设计意图】通过材料对比，提升学生获取信息、对比分析的能力，把告知讲授型的知识点转化为对比辨析的点，提升课堂的思维含量，帮助学生知其然，更知其所以然。

【议学提示】通过第一组对比感受，历史的发展总有一些关键的节点、关键的时期。一个国家的发展历程，也常常因此面临许多重要转折，或抓住机遇，顺势而为，或与机遇擦肩而过，逐渐落后。我国在历史上失去的机遇太多，如果再不抓住机遇，后果将不堪设想。让学生深刻理解把握抓住大有可为的历史机遇期有多么重要，不能重蹈历史覆辙。“来而不可失者，时也；蹈而不可失者，机也。”新时代历史机遇期，是中华民族强起来、实现伟大复兴的机遇，是中国特色社会主义道路、理论、制度、文化更加成熟、更具引领力、感召力的机遇，是中国人民创造美好生活、走向共同富裕的机遇，是中国共产党从建党百年迈向执政百年、进而铸就千秋伟业的机遇。只有紧紧抓住这个大有可为的历史机遇期，锐意进取、埋头苦干，勇于创新、永不懈怠，才能不负时代的馈赠、历史的期待。

通过第二组对比，引导学生认识到战略安排的调整，让学生对比两种安排的不同之处，引导学生发现新时代战略安排：一是把我国现代化的时间提前了；二是把现代化的目标提升了；三是把现代化的要求提高了。让学生理解党在新时代中国特色社会主义发展的战略安排上所作的调整，感受“快干、实干”，把握重大机遇期，培育锐意进取、不负时代的精神。

通过第三组对比，让学生感受“两步走”的战略安排在目标要求上的层次递进。通过第四组对比，让学生感受中国式现代化与西方现代化相比的特殊之处，明确国情不同、实际不同，社会发展道路会呈现多样性的特征，不存在定于一尊的现代化标准，从而增强政治认同的核心素养。

环节四　于少年一代期未来

分议题4：请党放心，强国有我，青年应有何作为与担当？

【议题情境】播放视频快闪：北京奥运会入场式小旗手林浩——9岁的抗震小英雄；河南雨后在积水中冒雨拦车劝返的孩子——10多岁的他们；冲在抗疫一线的最美逆行者——20多岁的护士；复兴号设计团队、墨子研究团队、中国航天团队——平均年龄分别仅有37岁、35岁、33岁的他们；中国共产党成立100周年庆祝大会上的朗诵——请党放心、强国有我！

【议学思考】在中国青年身上你看到了什么？

【设计意图】作为本课落脚点和情感升华部分，需要加入多个镜头，展现中国青年的风貌，从中让学生看到光，并向光而行。

【议学提示】在这些平凡而又伟大的中国青年身上，我们看到了热爱祖国、时代担当、砥砺奋斗、过硬本领、品德修为，看到了志存高远、脚踏实地，勇做时代弄潮儿的坚定决心，看到了在实现中国梦的生动实践中放飞青春梦想，在为人民利益的不懈奋斗中书写人生华章的坚定步伐。

一代人有一代人的长征，一代人有一代人的担当。建成社会主义现代化强国，实现中华民族伟大复兴，是一场接力跑。我们有决心为青年跑出一个好成绩，也期待现在的青年一代将来跑出更好的成绩。

——习近平在纪念五四运动100周年大会上的讲话（2019年4月30日）

青年兴则国家兴，青年强则国家强。青年一代有理想、有本领、有担当，国家就有前途，民族就有希望。中国梦是历史的、现实的，也是未来的。中华民族伟大复兴的中国梦终将在一代代青年的接力奋斗中变为现实。只要我们把人生理想融入国家和民族的伟大梦想之中，把小我融入大我，敢于有梦、勇于追梦、勤于圆梦，就会汇聚起实现中国梦的强大力量，共担民族复兴的责任，共享民族复兴的荣耀。

八、课外活动

参观中共山东早期历史纪念馆等场馆，了解本地历史发展，结合新中国史、党史寻找历史交叉点，感悟实现中国梦的历史逻辑。

走访调研不同年龄段群众对美好生活的向往和对中国梦的观点，借以感受中国梦是人民的梦、国家的梦、民族的梦、每个中华儿女的梦，是人民追求幸福的梦。记录百姓故事，描绘美好未来。

九、教学反思

本设计采用议题式教学法，用四个分议题共同推进了总议题的解决。运用了资料对比、连线、情境分析等方法推进教学内容的融会贯通。本课内容比较多，理论性、政策性很强，需要引用大量史实案例，提升学生的感性认识，帮助形成理性认知。通过学生的议和动，辅之以教师的引导和讲解，培养学生辨别思维的能力和实现中国梦的主角意识，活动的设计贴近学生，让学生感受到强国有我的责任。

在实际讲课过程中，本框题的内容实在太多，建议增加课时，才能使学生活动充分开展。探究性的环节比较多，活动型的设计不够，在以后的教学设计中可以予以完善。

第四部分　大学“中国近现代史纲要”

第十章《中国特色社会主义进入新时代》

第一节《开拓中国特色社会主义更为广阔的发展前景》

□中国石油大学（华东）马克思主义学院　崔军伟

一、教材分析

本部分内容对应《中国近现代史纲要》第十章《中国特色社会主义进入新时代》第一节《开拓中国特色社会主义更为广阔的发展前景》第二个大问题中的“提出实现中华民族伟大复兴的中国梦”的相关内容。教材主要围绕中国梦提出的具体背景、科学内涵、实现路径三个方面的内容展开。

应特别注意的是，实现中华民族伟大复兴是整个中国近现代史的主题，本目虽然围绕中国梦设置，但在一定意义上是整本教材前半部分内容的落脚点，教学设计应充分考虑。

二、学情分析

从认知结构来看，学生对这部分内容的知识背景比较熟悉，对中国梦的基本内涵有一定了解，但对中国梦提出的相关背景和实现路径还缺乏清晰的把握。

从思维特点来看，学生对中国梦相关话题关注度较高，能够在一定程度上意识到自身发展与实现中国梦的紧密关联性，对中国梦前景充满信心，但对于前进过程中的困难和挑战认识不足。

从情感态度来看，学生对于实现中国梦很容易产生共鸣，但是缺乏大历史观的指导，不清楚其背后的内在逻辑，知其然而不知其所以然。

三、教学目标

1. 通过古代与近代中国历史的对比，引导青年大学生深刻认识中国梦提出的科学性，准确掌握中国梦的科学内涵、实现路径。

2. 通过挖掘中国梦背后蕴藏的中国共产党人高度的历史担当和使命追求，引导青年大学生坚定“四个选择”的历史必然性，明确自身肩负的时代责任。

四、教学重点难点

1. 教学重点：中国梦的科学内涵。

2. 教学难点：中国梦的历史逻辑。

五、教学方法

教学方法主要是合作探究式教学法。学生以小组为单位，围绕既定议题进行合作探究。在合作中共同学习、分享观点、交流思想，既形成观点、提升认识，又培养团队的协作和沟通协调能力，还可以在思维碰撞中取长补短、共同成长。

六、教学过程

【导入】用20世纪30年代《东方杂志》的“征梦”导入教学，注重古今对比，培养学生的大历史观。

1932年11月1日，近代中国一份有影响的综合性刊物《东方杂志》发起了全国性“征梦”活动，向全国各界人士提出两个问题：一是“先生梦想中的未来中国是怎样的”，二是“先生个人生活中有什么梦想”。

这一活动激起热烈回响，截至1932年12月5日，共收到160多份回应。1933年元旦出版的《东方杂志》以83页的篇幅刊出142人的244个“梦想”。

【教师引导思考】抛出话题：要求学生畅谈个人梦想、他们以为中国的梦想是什么？为什么《东方杂志》要设定两个问题？它们有什么内在联系？从1932 年到2021 年，在将近90 年的时间里，中国人关于民族国家的美好梦想有哪些相同的地方和不同的地方？

在学生讨论回答后，引出第一个教学要点，讲清楚“是什么”。

1. 中国梦的提出

2012 年 11 月 29 日，习近平率中央政治局常委和中央书记处的同志参观“复兴之路”展览。习近平指出：“现在，大家都在讨论中国梦，我以为，实现中华民族伟大复兴，就是中华民族近代以来最伟大的梦想。”此后，他又在国内外很多重要场合对中国梦进行了深刻阐述。

2013 年 3 月 17 日，习近平在十二届全国人大一次会议上进一步强调，实现中华民族伟大复兴的中国梦，就是要实现国家富强、民族振兴、人民幸福。

【深入探究】在引导学生回答前设问题的基础上，分析中国梦三个层次内容的具体关系。

国家富强、民族振兴是人民幸福的基础和保障，中国近代以来的屈辱历史已经证明，民族不独立、国家不富强，人民的生存根本得不到保证，更谈不上人民幸福。人民幸福是国家富强、民族振兴的题中之义和必然要求，民为邦本、本固邦宁，国家的富强、民族的振兴都要以人民的权利得到保障、利益得到实现、幸福得到满足为条件，人民幸福是国家富强、民族振兴的根本出发点和落脚点。

这个梦想，把国家的追求、民族的向往、人民的期盼融为一体，体现了中华民族和中国人民的整体利益，表达了每一个中华儿女的共同愿景。正因为如此，中国梦具有广泛的包容性，成为回荡在 14 亿人心中的高昂旋律，是中华民族团结奋斗的最大公约数。

【教师引导思考】引入《辞海》对“复兴”的解释，引出第二个教学点，带领学生对第二个问题进行回答，解决“为什么”。

2. 为什么实现中华民族伟大复兴是近代以来中华民族最伟大的梦想

这一部分用习近平总书记在庆祝中国共产党成立 100 周年大会上的讲话内

容串联，引导学生在对上编、中编、下编知识综述进行回忆的基础上，注重论从史出，培养历史思维。

复兴就是衰落后再兴盛起来。只有创造过辉煌的民族，才懂得复兴的意义；只有历经过苦难的民族，才对复兴有如此深切的渴望。中华民族是世界上伟大的民族，有着5000多年源远流长的文明史，为人类文明进步作出了不可磨灭的贡献。

【信息化教学】引导学生列举，通过教学软件进行小组竞赛，活跃课堂气氛。

但是，1840年鸦片战争后，中国逐步成为半殖民地半封建社会，国家蒙辱、人民蒙难、文明蒙尘，中华民族遭受了前所未有的劫难。中国人民不断奋起抗争。为了民族复兴，几代人魂牵梦萦，亿万人心结难解。历经上下求索、千辛万苦，中华民族终于在中国共产党的正确领导下建立了新中国，确立了社会主义制度，开始了建设自己国家的伟大进程。

【学生互动】引导学生回忆所学知识，厘清中国人民寻梦、追梦、圆梦的历史逻辑。

【教师总结提升】将习近平在庆祝中国共产党成立100周年大会上的讲话融入教学，进一步明确“中国梦”背后蕴藏的中国共产党人的历史担当和使命追求，引导青年大学生坚定“四个选择”的历史必然性，思考自身肩负的时代责任。

【小组讨论】学生进行小组讨论，形成“怎么办”的共识，并进行课堂交流。

中国近现代历史180多年，其中中国共产党的历史占了100多年。我们党的百年奋斗历史是中国近现代历史中最为可歌可泣的壮美篇章。正如总书记指出的，一百年来，中国共产党团结带领中国人民进行的一切奋斗、一切牺牲、一切创造，归结起来就是一个主题：实现中华民族伟大复兴。实现中华民族伟大复兴也是整个中国近现代史的主题。实现中华民族伟大复兴作为中国近代以来全部历史的主题，不是凭空掉下来的，更不是外国“教师爷”赐予的，而是从中华民族发展的历史逻辑中产生的。它既是从近代以来中国社会主要矛盾中产生的，也是从对内忧外患的不懈反抗求索中产生的。中国梦，反映了近代以来一代又一代中国人的美好夙愿，进一步揭示了中华民族的历史命运和当代中国的发展走向，指明了全党全国各族人民共同的奋斗目标。这一重要战略思想，是以习近平同志为核心的党中央对全体人民的庄严承诺，是党和国家面向未来的政治宣言，充分体现了我们党高度的历史担当和使命追求，为坚持和发展中国特色社会主义注入了崭新内涵。

为了实现中华民族伟大复兴，中国共产党团结带领中国人民，浴血奋战、百折不挠，创造了新民主主义革命的伟大成就；中国共产党团结带领中国人民，自力更生、发愤图强，创造了社会主义革命和建设的伟大成就；中国共产党团结带领中国人民，解放思想、锐意进取，创造了改革开放和社会主义现代化建设的伟大成就；中国共产党团结带领中国人民，自信自强、守正创新，统揽伟大斗争、伟大工程、伟大事业、伟大梦想，创造了新时代中国特色社会主义的伟大成就。以史为鉴，可以知兴替。实现中华民族伟大复兴，必须坚持中国共产党的领导。

【教师总结引导】每一代人有每一代人的使命担当，我们的国家，我们的民族，从近代积贫积弱一步一步走到今天的发展繁荣，靠的就是一代又一代人的顽强拼搏。那么，青年大学生在中华民族圆梦的历史进程中如何作出自己应有的贡献，书写自己的光辉篇章？

【信息化教学】通过教学软件进行抢答。

3. 如何实现中华民族伟大复兴“中国梦”

在总结学生答案的基础上，介绍教材提出的“中国梦”实现路径，解决“怎么办”的问题，让青年大学生了解党和政府的战略安排，明确自己的努力方向。

实现中国梦必须走中国道路，实现中国梦必须弘扬中国精神，实现中国梦必须凝聚中国力量。

实现中国梦任重而道远，需要锲而不舍、驰而不息的艰苦努力。道路不可能一帆风顺，蓝图不可能一蹴而就，梦想不可能一夜成真。我们已经取得了辉煌成就，离梦想从未如此接近。同时也要看到，行百里者半九十，距离实现中华民族伟大复兴的目标越近，我们越不能懈怠，越要加倍努力。只要一代又一代中国人勠力同心、不懈追求、接力奋斗，我们就一定能够到达中华民族伟大复兴的光辉彼岸。

【知识拓展】补充讲解习近平在庆祝中国共产党成立100周年大会上的讲话对青年大学生的期望。

【教师总结】未来属于青年，希望寄予青年。一百年前，一群新青年高举马克思主义思想火炬，在风雨如晦的中国苦苦探寻民族复兴的前途。一百年来，在中国共产党的旗帜下，一代代中国青年把青春奋斗融入党和人民的伟大事业，成为实现中华民族伟大复兴的先锋力量。新时代的中国青年要以实现中华民族伟大复兴为己任，增强做中国人的志气、骨气、底气，不负时代、不负韶华，不负党和人民的殷切期望。

七、课外活动

布置学生观看“复兴之路”网上展厅，提交观后感。

布置作业，让学生对祖父母、父母及同学的儿时梦想进行调研，体会其中的异同，并分析原因。

八、教学反思

本教学设计坚持了主导性和主体性相统一、灌输性和启发性相统一的原则，以探究式教学为主，主要组织形式是小组讨论。本教学设计有效激发了学生学习兴趣，课堂气氛活跃。在学生与老师、学生与学生之间思想、智慧的碰撞与交流中，能够完成教学任务，实现课程教学知识体系向大学生认知体系与信仰体系的转化。在教学内容设计上，充分考虑知识衔接、详略得当，将党的二十大报告最新观点和习近平总书记在庆祝中国共产党成立100周年大会上的讲话精神融入教学。

本次课程设计的前提是学生对之前学习过的内容有准确把握，但是在实际教学过程中发现，学生对所学知识的掌握不是非常理想，小组讨论过程中会出现基本事实的错误，在一些重大历史事件的评价上有同学会受到网上错误观点的影响，这些都会使得同学之间的讨论略有跑题，主题不够聚焦。此外，学生在讨论中摆事实有余、讲道理不足，基于史实的理论提升不够。在后续教学设计中，应提前布置学生系统复习讲过的内容，提高知识掌握的精准性；教师在讨论中要进一步发挥主导性，更多参与、及时引导，重视学生历史思维的培养。

主题八

维护国家安全　捍卫核心利益

第一部分 小学“道德与法治”

五年级上册第三单元《我们的国土 我们的家园》

第六课《我们神圣的国土》

第一课时《辽阔的国土》

□ 威海市武夷路小学 倪红梅

一、课标要求

《义务教育道德与法治课程标准》(2022 年版)第三部分“课程目标”核心素养之“政治认同”第三学段要求“初步了解国情，具有维护国家利益和祖国尊严的意识与行动，形成中国人的身份认同感”；第四部分“课程内容”第二学段学习主题“国情教育”内容要求“知道我国的地理位置、领土面积、海陆疆域、行政区划，知道台湾是中国不可分割的一部分，祖国的领土神圣不可侵犯”。

二、教材分析

《辽阔的国土》是小学《道德与法治》(部编版)五年级上册第三单元第六课《我们神圣的国土》第一课时的教学内容。本课由三个板块组成，分别是“辽阔的国土”“好山好水好风光”“一方水土 一方生活”。从逻辑关系上看，本课体现了三个层次：认识国土，了解国家领土与主权；走进名胜，热爱壮丽山河；联系生活，感受地域特色。教材的编排，体现了从感性认识到理性分析、从知识积累到情感激发的规律。要激发学生对国土的热爱，懂得祖国的领土神圣不可侵犯，认识祖国的壮丽山河，理解地形差异与人们生活的关系。

在“国家领土与主权”这个主题大背景下看，《辽阔的国土》这一课时不是一节地理课的呈现，重点在于培养学生的国家领土和主权意识，渗透爱国情感教育，落实学生发展核心素养中的“勇于探究”“国家认同”这两个基本点。

三、学情分析

随着年龄的增长，五年级学生对国家有初步的了解与认识，对我国的地理位置和领土概况有一定的认识，对国家的热爱之情不断提升，但这些了解和认识相对零散，大多建立在与个人生活相关的部分，更多的是片面性、碎片化、具体的、微观的感性认识，没有从宏观角度进行深刻体会。了解的多是“是什么”的知识，对于“为什么”的知识还缺少认识，比如领土与主权完整的重要性等，课上需要教师通过具体的方法加以引导。

四、教学目标

1. 通过小组探究活动，在读图识图、联系生活、数据对比中，知道我国的地理位置、领土面积、海陆疆域、行政区划，感受我国的幅员辽阔。

2. 通过小组活动“外交部小发言人”，结合资料，从历史、地理、民俗、文化等方面了解台湾和祖国的关系，知道台湾自古以来是我国不可分割的一部分，懂得祖国的每一寸领土都神圣不可侵犯，初步树立国家领土与主权意识。

五、教学重点难点

1. 教学重点：在读图识图、联系生活、数据对比中，知道我国的地理位置、领土面积、海陆疆域、行政区划，感受我国的幅员辽阔。

2. 教学难点：感受祖国的幅员辽阔，懂得祖国的每一寸领土都神圣不可侵犯。

六、教学方法

教学方法有情境体验法、小组合作法。

七、教学过程

环节一 祖国在哪里

1. 看地图，找祖国。让学生在世界地图上找到祖国，用喜欢的颜色、形状等标记出来，并告诉同学自己找到的祖国在哪里。

2. 教师小结。我们的祖国在亚洲的东部、太平洋的西岸，这是一片辽阔的国土。（板书课题）

【设计意图】用直观的世界地图，提出“你怎样找到我们的祖国”这个问题，让学生梳理已有的认知，使学生对祖国有初步的地理认知。

环节二 祖国多辽阔

1. 初步交流，分享认知

（1）学生根据自己的认知，得出“我们的国土十分辽阔”。教师引导学生从多个角度进行交流，比如语文课学过的诗歌、课外阅读了解的国土面积、回老家的车程、同一时间在祖国不同地区旅行的温度、景色差别等。

（2）教师小结。将一个人的零散认知扩展到全班，如“多有意思的现象呀，因为祖国的辽阔，同一个时间，南北竟然有着不同的温度、不同的体验”等。

2. 小组探究，深入感知

（1）发放任务单，提出小组合作要求。

其一，组内成员两两合作，仔细阅读资料，完成任务单。

其二，组内交流：你是从哪方面感受到祖国疆域辽阔的？

（2）学生分小组合作探究，完成各自任务单。

计算距离组

资料：课本第119页的中国地图、直尺。

任务单：

(1) 根据课本第119页的地图，量出书上我国东西距离约是（　　）厘米。根据比例尺1∶37000000，计算出实际距离是（　）×37000000 =（　　　）厘米 =（　　）千米

(2) 把你们的任务和小组其他人交流一下。通过小组交流，你们有什么感受或发现？

理清行政区组

资料：课本第 120 页的地图及资料角。

任务单 1：

(1) 圈出 5 个自治区、2 个特别行政区。

(2) 把你们的任务和小组其他人交流一下。通过小组交流，你们有什么感受或发现?

任务单 2：

(1) 圈出 4 个直辖市。我国有（　　）个自治区、（　　）个特别行政区、（　　）个直辖市、（　　）个省，一共有（　　）个省级行政区。

(2) 把你们的任务和小组其他人交流一下。通过小组交流，你们有什么感受或发现?

标注邻国组

资料：课本第 119 页的地图

任务单：

(1) 在课本第 119 页的地图上数一数，我国的陆上邻国有（　　）个，请依次标出序号。

(2) 把你们的任务和小组其他人交流一下。通过小组交流，你们有什么感受或发现?

3. 全班交流，深入感知

各组汇报任务完成情况，谈感受，教师追问、引导、小结。

（1）计算距离组。用学校面积、威海市的面积对比，计算祖国面积相当于多少个学校。在计算中，引导学生感受祖国的辽阔。

（2）厘清行政区组。用“班级分小组管理”的例子，引导学生感受祖国的辽阔。从省级行政区划名称的不同，引导学生初步理解民族自治的举措，再次感受国土的辽阔。

（3）标注邻国组。小结邻国数量，在地图上认识四大海域，初步感知祖国的 1 万多个岛屿，升华对国土辽阔的认识与情感。

（4）小结。各小组从面积大、疆域广、区划多等不同角度感受祖国国土的辽阔。其实还有很多方面，例如时差等，也能让我们感受到祖国的辽阔。

【设计意图】从面积、疆域、区划等几个角度分组学习，表面上是完成地理知识，但每个任务单最后都要求学生小组交流完成任务之后的感受，就是在引导学生为我国的辽阔国土感到自豪，完成情感目标。小组交流展示时，教师除要求各小组谈自己的感受外，还设计了贴近生活的、难度不同的问题和任务，不仅解决了学生的认知难点，更深化了学生对辽阔祖国的自豪之情。

环节三 两岸一家亲

1. 台湾知多少

（1）引导学生充分交流自己对台湾省的了解，教师总结，并播放台湾风景、物产的视频，让学生谈谈对台湾的印象。

（2）小结。台湾省风景优美，物产丰富，经济发达，位置重要，这使得个别国家对它另有企图。

2. 台湾是中国的一部分

（1）列举美国通过有关台湾的法案、向台湾出售武器等分裂台湾的行为，美国前国务卿蓬佩奥声称“台湾不是中国的一部分”的行为，严重违反国际法和国际关系基本准则，激发学生的爱国情绪。

（2）体验活动：做外交部的小发言人。要求学生阅读教师提供的台湾历史地理、节日习俗、建筑特点、饮食、文学、郑成功收复台湾等资料，寻找证据，有理有据地说明台湾自古以来就是中国的一部分，驳斥反华势力的错误言论。（板书：历史、地理、语言文字、节日习俗等）

（3）小结。我们能找到这么多不容争辩的事实，可见台湾与大陆有着共同的血脉、共同的文化、共同的年节、共同的习俗，两岸同胞是血浓于水的一家人。（板书：两岸一家亲）

（4）播放我国外交部发言人驳斥美国的视频。教师强调已写入宪法的这句话：“台湾是中华人民共和国的神圣领土的一部分。”

（5）播放习近平总书记在中国共产党第二十次全国代表大会上的报告讲话视频。

【视频内容】面对“台独”势力分割活动和外部势力干涉台湾事务的严重挑衅，我国坚决开展反分裂、反干涉重大斗争，展示了我们维护国家主权和领土完整、反对“台独”的坚强决心和强大能力，进一步掌握了实现祖国完全统一的战略主动，进一步巩固了国际社会坚持一个中国的格局。

【再次强化】中国的地图，一点也不能少；中国的领土，一寸都不能丢。

【设计意图】通过了解台湾，学生更加深刻地认识到台湾自古以来就是中国的一部分。在已有认知的基础上，设计“外交部的小发言人”的体验活动，通过列举美国分裂台湾的言行，激发学生的爱国情；提供各种台湾人民生活等的资料，深化爱国情；播放我国外交部发言人、习近平总书记的讲话视频以及宪法规定，更加升华学生追求祖国统一、实现两岸一家亲的认知和情感。

环节四 我爱我中国

1. 提问回顾。国土辽阔，给我们带来了哪些优势呢？

2. 播放视频《泱泱华夏》。

3. 小结。我们的祖国，地大物博，在这片占据地球陆地总面积十五分之一的土地上，生活着世界上五分之一的人口，幅员辽阔的国土为中华民族的生存和发展提供了广阔的空间和丰富的资源，我们世世代代在这片土地上生息、繁衍，我们为有这样的祖国而自豪！

【设计意图】“辽阔的国土有哪些优势”，这个问题综合了本节课的所有认知，启发学生联系生活经验进行思考，再次激发对辽阔国土的自豪，也为下一节课不同地区人民的不同生活习惯作铺垫。在课结束的时候，教师播放总结性视频，让学生对我国辽阔国土的优势有更直观、更全面的认识，再次升华爱国之情。

八、板书设计

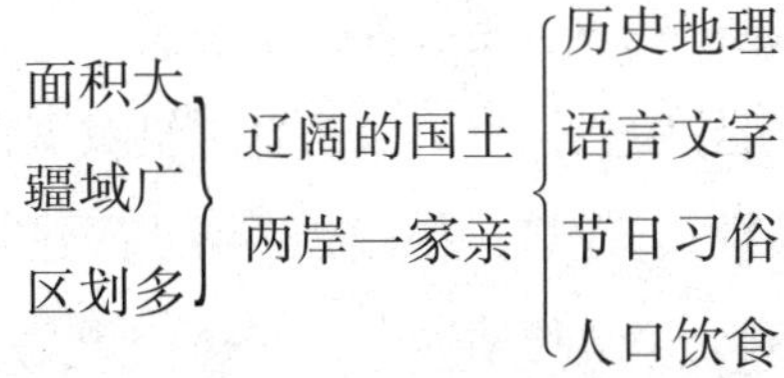

九、教学反思

《辽阔的国土》的教学设计，既要体现“国家领土与主权”主题大背景，又要区别于七年级地理《辽阔的疆域》一课。

1. 聚焦目标，取舍有道

通过对《义务教育道德与法治课程标准》（2022 年版）与本单元本课相关要求的解读，我们把本课的教学重点定在了培养学生的国家领土和主权意识，渗透爱国情感教育，而不仅仅是几组地理知识。为了实现这样的目标，在每个环节的知识交流之上，教师都有追问：“现在你有什么感受?”每个环节教师的小结，都意在提升学生对辽阔祖国的热爱、自豪之情，而不仅仅停留在地理知识层面。

2. 依据学情，收放有度

我国的国土，距离五年级学生既近又远，他们大部分人生活的范围仅限于出生地和父母工作的地点，对于“国土”概念的认识还停留在与个人生活相关的具体的、微观的感性认识上，或是停留在“960 多万平方千米”的陆地面积这一概念上。本课注意以学定教，每个环节都设计递进的开放性问题——“你是怎么找到我们的祖国”“我们的祖国有多辽阔”“你对台湾有哪些认识”“辽阔的国土带来哪些优势”，先让学生自由谈自己已有的感性认知，然后通过小组合作、任务探究、情境再现等不同方式，引导学生量一量、算一算、圈一圈、找一找，自主发现知识，自主体验感悟，使得原有片面的、碎片化的认知与新知识建立联系，产生勾连，从而对我国的国土辽阔形成全面、深入、系统的认知。

3. 分步实施，情境有法

在“台湾是祖国不可分割的一部分”环节，设计了“外交部的小发言人”

的情境，并分三个步骤实施这一体验活动。活动前，给出了当前中美关系不和谐的一面，激发体验热情；活动中，提供阅读资料，让学生从中寻找证据，提供体验助力；活动后，通过视频、宪法等社会现实，夯实情感，激发后续行动力。在这样逐步深入的引导中，学生提取信息、组织语言、表达观点，多种感官体验、探索、实践、感悟、迁移，与社会生活之间建立联系，感受社会、发现问题、解决问题，提升公民道德素养。

第二部分 初中“道德与法治”

八年级上册第九课《维护国家安全》

第二框《维护国家安全》

□济南市历下区龙奥学校 张晓芹

一、课标要求

《义务教育道德与法治课程标准》（2022 年版）第三部分“课程目标”中核心素养之“政治认同”第四学段要求“能够在生活和学习中自觉维护国家主权、尊严和利益”；“道德修养”第四学段要求“维护公共秩序，讲社会公德，爱护公共财物，在公共生活中做一个文明的社会成员”；“法治观念”第四学段要求“了解法律对国家安全的保障作用，自觉履行维护国家安全的义务”；“健全人格”第四学段要求“理解个人与社会、国家和世界的关系，积极适应社会发展变化”；“责任意识”第四学段要求“具备国家利益高于一切的观念，能够以实际行动维护民族团结，捍卫国家主权”。

二、教材分析

本课内容是八年级上册第九课第二框题的内容，在理解国家安全的重要性、我国安全面临的巨大挑战、我们应该树立总体国家安全观等的基础上，聚焦应该怎么做，即如何维护国家安全的问题上。

本课包括两部分内容。第一部分是全面推进国防和军队现代化，从国家的角度来看如何维护国家安全，让同学们认识到强国必强军。这是本课的难点。第二部分是从个人角度，引导学生认识到维护国家安全人人皆可为，人人必须为。这是维护国家安全对个人在道德和法律上的要求，同时也是本课的重点和落脚点。人人都要为维护国家安全贡献自己的力量。

三、学情分析

中学生维护国家安全的意识比较薄弱。多数学生认为国家安全是非常大的事情，应该由专门的国家安全部门负责。自己不会做危害国家安全的事情，也从未想过自己应该维护国家安全。往往忽略生活中的一些小事，如放生，也会给国家安全带来严重危害。对国家安全法、全民国家安全教育日、国家安全举报电话等基本不清楚。对自己在日常生活中怎样保持高度警惕、承担应有的责任、参与维护国家安全缺乏必要的认识。

四、教学目标

1. 树立总体国家安全观，自觉承担维护国家安全的责任，履行维护国家安全的义务。

2. 提高维护国家安全的意识和能力，辨识和防范损害国家安全的行为，提高警惕之心。

3. 知道我国全面推进国防和军队现代化的要求和举措，明确国家安全法等相关法律关于公民维护国家安全的规定。

五、教学重点难点

1. 教学重点：人人都是维护国家安全的主角。

2. 教学难点：全面推进国防和军队现代化建设。

六、教学方法

教学方法有情境教学法、探究式教学法、活动体验法。

七、教学过程

【导入新课】播放时政新闻三则。

新闻一："滴滴出行"被国家实施网络安全审查

2021年7月，国家网络安全审查办公室宣布对"滴滴出行"启动网络出行安全审查。公告称，为防范国家数据安全风险，维护国家安全，保障公共利益，依据《中华人民共和国国家安全法》《中华人民共和国网络安全法》，网络安全审查办公室按照《网络安全审查办法》，对"滴滴出行"实施网络安全审查。

新闻二：国家互联网信息办公室关于"滴滴出行"APP的通报

根据举报，经检测核实，"滴滴出行"APP存在严重违法违规收集使用个人信息问题。国家互联网信息办公室依据《中华人民共和国网络安全法》相关规定，通知应用商店下架"滴滴出行"APP，要求滴滴出行科技有限公司严格按照法律要求，参照国家有关标准，认真整改存在的问题，切实保障广大用户个人信息安全。

特此通报。

国家互联网信息办公室

2021年7月4日

新闻三：国家互联网信息办公室对滴滴全球股份有限公司依法作出网络安全审查相关行政处罚的决定

2022年7月，国家互联网信息办公室依据《中华人民共和国网络安全法》《中华人民共和国数据安全法》《中华人民共和国个人信息保护法》《中华人民共和国行政处罚法》等法律法规，对滴滴依法作出网络安全审查相关行政处罚的决定，对滴滴全球股份有限公司处以人民币80.26亿元罚款，对滴滴全球股份有限公司董事长兼CEO程维、总裁柳青各处人民币100万元罚款。

【学生思考】国家网络安全审查办公室为什么要对"滴滴出行"启动安全审查、作出下架APP的通报并处以行政处罚？说一说你对此事件的感受或者启示。

【教师引导】“滴滴出行”掌握着中国大部分城市出行的数据，其中一些数据必然涉及国家安全。看来，维护国家安全离我们并不遥远。那么，谁在维护国家安全？谁可以维护国家安全？今天我们一起来学习第九课第二框《维护国家安全》。

【设计意图】选取当前的社会热点新闻事件，并围绕这一事件展开国家安全的讨论，采用对话式教学方法，让学生在充分交流中认识到维护国家安全离我们并不遥远，引出本节课的主题。

环节一　强国强军，军强国安

【教师过渡】谈到维护国家安全，大家可以想一想：现在的中国，是什么让你倍感安全？

【学生回答】分享看法。

【教师引导】虽然我们捍卫和平、维护安全、慑止战争的手段和选择多种多样，但军事手段始终是保底手段，始终起着定海神针的作用。只有保底手段保得了底，国家安全才有底数，民族复兴才有底气。所以，维护国家安全，首先要全面推进国防和军队现代化。

活动一：说一说你在哪些场合看见过中国军人的身影。

【学生活动】交流、分享。

【教师引导】播放自制视频《中国军人在你身边》，展现中国军人不畏生死逆行抗疫一线、洪水面前心系人民、阅兵场上扬我国威、演兵场上精武标兵、边防线上热血忠诚护卫祖国的身影。

【学生思考】视频中军人在执行哪些任务？军人有着怎样的使命？

【设计意图】用直观、高燃的视频画面激发学生对中国军人的尊崇，体会强大的国防和军队是维护国家安全的根本。

【教师活动】呈现我国宪法第二十九条规定，明确我国武装力量的任务。

第二十九条　中华人民共和国的武装力量属于人民。它的任务是巩固国防，抵抗侵略，保卫祖国，保卫人民的和平劳动，参加国家建设事业，努力为人民服务。

【教师过渡】进入新时代，面对当前复杂的国际形势，面对强国强军的时代要求，人民军队应该怎样展现在国人世人面前？我们一起来看一看。

【教师活动】展示新时代党的强军思想和战略方针。

2013 年全国两会

关键词：强军目标、强军之魂

建设一支听党指挥、能打胜仗、作风优良的人民军队，是党在新形势下的强军目标。

要铸牢听党指挥这个强军之魂，坚持党对军队绝对领导的根本原则和人民军队的根本宗旨不动摇，确保部队绝对忠诚、绝对纯洁、绝对可靠，一切行动听从党中央和中央军委指挥。

——习近平出席十二届全国人大一次会议解放军代表团全体会议时讲话（2013 年 3 月 11 日）

2022 年党的二十大

关键词：战略安排

坚定不移贯彻总体国家安全观，把维护国家安全贯穿党和国家工作各方面全过程，确保国家安全和社会稳定。

如期实现建军一百年奋斗目标，加快把人民军队建成世界一流军队，是全面建设社会主义现代化国家的战略要求。

——习近平在党的二十大报告中讲话（2022 年 10 月 16 日）

【学生活动】在课本中找到对应的知识点，了解新时期党的强军思想和战略安排。

【教师引导】在党的强军思想中，灵魂是坚持党对人民军队的绝对领导。为什么？

活动二：“传承红色基因，担当强军重任”实践活动展示

【学生活动】小组代表进行班级展示。结合南昌起义、三湾改编、古田会议等历史事件进行举例说明。

【教师总结】人民军队的历史辉煌是用鲜血和生命铸就的，党指挥枪是我们党在血与火的斗争中得出的真理。

【设计意图】2021 年是伟大的中国共产党成立 100 周年，本学期拟开展“传承红色基因，担当强军重任”综合实践活动，充分发挥学生的主体性，调动学生探究的能动性，结合党史学习和思政课内容，巧妙突破必须坚持党对人民军队的绝对领导这一知识难点。

【教师过渡】以上讲的是国家为了人民安全要全面推进国防和军队现代化。那么，为了国家安全，我们能做些什么呢？

环节二　人人可为，人人应为

活动三：情景剧《森林历险记》

【地点】某国家级自然保护区内。

【人物】群众杨某、国家安全机关工作人员、外籍人员奥某与中国籍同伴吴某。

【剧情概况】外籍人员奥某与中国籍同伴吴某受境外机构指使，从 2011 年起先后数十次赴我国多个自然保护区非法采集上千种野生植物物种标本和种子样本，并寄送出境，从中非法获利，严重危害非传统国家安全。群众杨某拍照、录视频，并拨打国家安全机关举报受理电话 12339 进行举报。

【教师设问】你如何评价剧中人物的做法？

【学生回答】分角度评价分析。

【教师引导】国家安全风险来自各个方面，包括国家生物安全。维护国家安全，人人可为。维护国家安全是全国各族人民根本利益所在，是我们的共同责任，我们要增强国家安全意识，自觉维护国家安全。

【教师追问】群众杨某采取了什么方式维护国家安全？除此之外，在日常生活中，还可以有哪些维护国家安全的方式？

【学生讨论】作答。

【师生总结】维护国家安全人人可为。我们可以通过各种方式为维护国家安全贡献智慧和力量。

【设计意图】通过选取真实的案例进行情景剧的模拟表演，并围绕情景剧展开讨论，让学生明确维护国家安全的具体做法，在日常生活中自觉履行维护国家安全的责任。采用学生喜欢的互动方式突破教学重点，能够更好地达成教学目标。

【教师补充】2021年4月15日，是第六个全民国家安全教育日，《中华人民共和国生物安全法》也于2021年4月15日起施行。刚才的情景剧表演其实取材于真实的案例。国家安全机关公布相关典型案例，提醒公众：维护国家生态安全，人人有责。

【教师过渡】维护国家安全不仅是每个人的一种道德自觉，更是一种法律义务。

活动四：慧眼识伪装

【教师活动】播放视频《警惕身边的“暗战”，保密工作离我们并不遥远》。

【设问】曹某为什么会被监察机关批准逮捕？

【学生活动】分析讨论，得出结论：曹某的行为是违法行为，破坏了国家安全。

【教师活动】多媒体展示《中华人民共和国宪法》第五十四条、《中华人民共和国国家安全法》第七十七条的内容。

【教师追问】曹某的案例给我们哪些警示？

【学生活动】分组讨论、交流。梳理出公民和组织应当履行维护国家安全的法律义务。

【师生总结】认真学习有关国家安全和保密工作的法律法规、规章制度。严格遵守有关国家安全的法律规定，积极履行维护国家安全的法定义务，不断提高防范意识和防范能力，善于识别危害国家安全的各种伪装。

【设计意图】素材选取山东青岛一男子泄露国家秘密被检察机关批准逮捕的事例，创设情境，层层设问，引导学生深刻认识履行维护国家安全法律义务的重要性，并掌握具体做法，较好地突破本课教学重点。

环节三 学以致用，躬行实践

【教师过渡】知之不若行之，我们要学以致用，接下来考考大家。

【教师活动】多媒体呈现几则情景：（1）发现有人偷拍废水；（2）你工作中使用的涉密电脑突然断网，还有一点工作没有处理完，但是有公共的 WIFI 可以用；（3）网友给你打电话索要关于国家机密的资料。

【学生活动】分小组展开讨论，并在全班分享。

【设计意图】引导学生灵活运用所学知识，明理导行，在日常生活中自觉履行维护国家安全的责任和义务，进而达成本节课三维目标的有机统一。

【教师过渡】为了让更多的人更好地维护国家安全，请大家发出维护国家安全的倡议吧。

【学生活动】国家安全，我倡议……

【教师总结】国家安全与每个人息息相关，国家安全就在你我他身边，国家安全无小事。维护国家安全没有“局外人”，让我们共同维护国家安全！

八、课外活动

以“维护国家安全，我们应该做什么”为主题，开展一次讨论。结合相关案例，分析破坏国家安全的危害性；运用相关法律法规，提出有针对性的行动建议。

九、教学反思

研读教材、读懂教材是教学的前提。本课第一目“全面推进国防和军队现代化建设”是近两年新增加的教学内容。但这部分内容比较抽象，只有读懂教材的编排深意，才能有针对性地进行教学设计。虽然维护国家安全的方式多种多样，人人有责，但是军事手段始终是保底手段，始终起着定海神针的作用。只有保底手段保得了底，国家安全才有底数，民族复兴才有底气。所以，维护国家安全，首先需要全面推进国防和军队现代化。相信点透了这一要旨，学生会更容易理解和认同。

道德与法治的学习来源于生活，生活中又处处充斥着道德与法治相关的知识。维护国家安全看似距离学生们比较遥远，其实就在身边。例如导入新课环节，选用了“滴滴打车”APP下架的新闻案例，使学生体会到国家安全就在你我身边。接下来的学生活动“说一说你在哪些场合看见过中国军人的身影”也是源于学生生活实际。再者情景剧《森林历险记》、学以致用环节等，皆是源于生活又回归生活。

思政课本身纯理论性知识比较多，如果教师一味照本宣科、学生死记硬背，教学与学习就会只停留在知识层面，很难产生情感共鸣。因此，上好思政课，复杂知识简单化、深奥理论通俗化、传统课堂情感化，依然在探索的路上。

第三部分　普通高中“思想政治”

▶选择性必修1《当代国际政治与经济》

第一单元《各具特色的国家》

综合探究《国家安全与核心利益》

□济南市历城第一中学　顾业

一、课标要求

本综合探究是落实《普通高中思想政治课程标准》（2017 年版，2020 年修订）第四部分“课程内容”选择性必修课程“模块 1：当代国际政治与经济”内容要求“1.2 解析国家的结构形式，理解维护国家统一、捍卫国家主权的意义”。

二、教材分析

“探究路径参考”提供了三组探究材料，分别为《探究一　坚定中国特色社会主义制度自信》《探究二　政治制度不能照搬》《探究三　国家安全，人人有责》。探究一侧重引导学生通过制度比较和典型事例加深对中国特色社会主义制度优越性的理解，形成中国特色社会主义制度自信；探究二侧重在学生初步形成制度自信的基础上，进一步引导学生理解政治制度不能照搬的道理，坚定中国特色社会主义道路自信；探究三引导学生明确国家安全与个人发展的关系，提升维护国家安全的意识和能力。

三、学情分析

学生普遍认为国家安全是非常大的事情，但有些学生维护国家安全的意识比较薄弱，觉得国家安全应该由专门的国家安全部门负责，认为自己不会做危害国家安全的事情，也未曾想过自己也应该维护国家安全。不少学生对自己可以在日常生活中怎样保持高度警惕、承担应有的责任、参与维护国家安全缺乏必要的认识。

四、教学目标

1. 坚持以马克思主义立场、观点和方法评析各国的政治制度，明确人民当家做主是社会主义民主政治的本质，以实际行动展现参与民主政治制度改革的理性行动能力，坚定走中国特色社会主义道路的信念和信心。

2. 搜集发展中国家引入西方民主模式进行民主制度改革却遭受失败的典型案例，运用唯物史观思考社会转型的复杂变化及其原因，辨析不照搬照抄西方民主模式与吸纳借鉴人类政治文明成果之间的关系，坚持和发展中国特色社会主义政治制度。

3. 了解我国的总体国家安全观，知道坚持总体国家安全观要以政治安全为根本，认同国家安全利益是国家的最高利益，辨析漠视和损害国家安全的行为，提出解决问题的行动方案，彰显维护国家安全的责任担当。

五、教学重点难点

1. 教学重点：坚持中国特色社会主义制度自信和道路自信。

2. 教学难点：如何维护国家安全与利益。

六、教学方法

教学方法主要有议题式教学法、辨析式教学法、探究式教学法、讲授法等。

七、教学过程

环节一 创境激趣，激发爱国热情

教师播放电影《战狼2》中截取的一小段视频，并提出问题：战争给这个非洲国家的人民带来了什么影响？从中可以看出人民幸福生活与国家安全之间有什么关系？

学生观看视频后，思考问题，举手发言。

【教师总结】国家安全无法保障，人民的生活就不会幸福，所以我们要坚定地维护我国的国家安全和核心利益。本节课的总议题是：如何维护我国的国家安全和核心利益。

环节二 引思明理，坚定制度自信

分议题1：如何坚定中国特色社会主义制度自信？

【议题情境】多媒体展示《一分钟的中国》，让学生感受我国取得的巨大成就。

【议学活动】请同学们选取自己感兴趣的成就点，探讨我国的制度优势。

【设计意图】通过视频材料，让学生直观感受我国取得的巨大成就，并从中找到自己的兴趣点，分析成就背后的制度原因，从而让学生感受到我国的制度优势，坚定中国特色社会主义制度自信。

【议学提示】在中国共产党的领导下，我国形成和坚持了正确的中国特色社会主义制度，全体中国人民艰苦奋斗才取得了如此成绩。党的十九届四中全会研究坚持和完善中国特色社会主义制度、国家治理体系和治理能力现代化的若干重大问题。这是我们确定的制度建设目标，随着制度建设目标的实现，我国将会取得更大的成就，我们更应该坚定中国特色社会主义制度自信。

【议题情境】邓小平指出："西方的民主就是三权分立，多党竞选，等等。我们并不反对西方国家这样搞，但是我们中国大陆不搞多党竞选，不搞三权分立、两院制。我们实行的就是全国人民代表大会一院制，这最符合中国实际。

如果政策正确，方向正确，这种体制益处很大，很有助于国家的兴旺发达，避免很多牵扯。”

【议学活动】比较我国人民代表大会制度和西方议会民主制度的本质区别。

【设计意图】从中外政体的对比中引导学生感受到我国政治制度是维护全体人民根本利益的，尤其是在抗击新冠肺炎疫情中更能感受到我国政治制度的优越性，使学生更加坚定中国特色社会主义制度自信。

【议学提示】

表 8-1　中外政治制度对比

	经济基础	所反映的国体	所代表的阶级利益
人民代表大会制度	生产资料公有制	社会主义国家	最广大人民
西方议会民主制度	生产资料私有制	资本主义国家	少数资产阶级

分议题 2：为什么我国不能照搬西方的政治制度？

【议题情境】梁启超在《立宪法议》中说，现在世界上有君主专制、君主立宪、民主立宪三种政体，而“君主立宪者，政体之最良者也”。

邹容在《革命军》中写道：“我中国欲独立，不可不革命；我中国欲与世界列强并雄，不可不革命；我中国欲长存于二十世纪新世界上，不可不革命。”在这本书中，他坚决主张推翻君主专制，并提出建立民主共和国的方案。

孙中山一生致力于建立民主共和国，但他建立共和国政体的尝试，在帝国主义和国内反动势力的阻挠下最终失败。孙中山沉痛地说：“政治上、社会上种种黑暗腐败比前清更甚，人民困苦日甚一日。”

【议学活动】有人认为，如果效仿欧美国家采用资本主义民主制度，近代中国就能实现现代化。请结合上述材料和所学知识，反驳这种观点。

【设计意图】通过近代中国各种救国方案的比较，让学生发自内心地认同中国不适用欧美国家采用的资本主义民主制度，进而认识到政治制度不能照搬，必须找到一条适合中国实际的道路。

【议学提示】历史证明，在半殖民地半封建社会的近代中国，资本主义道路走不通，这是由近代中国的基本国情决定的。邓小平曾指出：“如果我们不坚持社会主义，最终发展起来也不过成为一个附庸国，而且就连想要发展起来也不容易。”为了实现民族独立、人民解放以及国家富强、人民幸福，就必须另辟新路。这条道路就是社会主义道路，只有彻底推翻剥削阶级统治广大人民群众的政治制度，建立新型人民民主的政治制度，才能真正实现人民当家做主。

【议题情境】学生上台分享课前搜集的发展中国家引入西方民主模式进行民主制度改革却遭受失败的典型案例。

【议学活动】根据学生分享的以上案例，学生分组讨论其失败的原因。

【设计意图】通过发展中国家民主制度改革失败的典型，引导学生从反面认识我国实行社会主义制度的正确性，进一步坚定制度自信。

【议学提示】世界上根本没有也不可能有一种放之四海而皆准的政治发展道路和政治发展模式，也没有一成不变的政治发展道路和政治发展模式。一个国家选择什么样的政治制度，必须与这个国家的国情和性质相适应。世界在进步，民主也不是西方的垄断和特权，其他非西方文化传统的国家完全有可能，而且应该探索自己独特的民主发展道路。新中国成立以来，我们走自己的路，保持了政治稳定，经济规模不断扩大，人民生活普遍改善，国际影响力持续提高，这有力地证明了中国应当坚定而自信地坚持中国特色社会主义民主制度，走中国特色社会主义发展道路。

分议题 3：如何理解维护国家安全人人有责？

【议题情境一】一天，几个外国人拦下了出租车司机王某的车，他们带了大包小包很多东西。王某以为他们是来中国旅游的游客，没太在意。上车后，王某发现他们并不是要去任何旅游景点，也不去宾馆酒店，而是要去一个有点特殊的地方，心中纳闷，觉得应该多留个心眼儿。

【议学活动一】你认为王某的行为是否有必要？

【议题情境二】车开了很久，进入比较偏僻的道路，车上的几名外国人打开大包小包，好像开始作准备。王某看到他们随身携带的除了相机还有很多不明装备，十分可疑。之后他们在一个军事禁区附近下车。王某借机“方便一下”，没有立刻离开。王某发现这几个人一直在军事禁区周围观察、逗留、伺机拍照……

【议学活动二】如果你是王某，你觉得应该怎么办？

【议题情境三】王某越看越觉得不对劲，立即拨打举报电话 12339 向国家安全机关反映情况。国家安全机关工作人员迅速将几名外国人控制并展开调查，发现这几名外国人具有境外间谍情报机关背景，欲利用地下探测设备刺探我国军事核心秘密。

【议学活动三】王某的行为给我们哪些启示？

【设计意图】通过实际案例，学生仿佛身临其境，从而知道面对危害国家安全事件时应该如何选择，提高分析问题、解决问题的能力，培养国家安全责任意识。

【议学提示】国家安全，人人有责。国家安全无小事，我们平时要时刻保持警惕，养成关注国家安全的习惯，善于观察，勤于动脑，不断提高防范意识和防范能力，识别危害国家安全的各种伪装，关键时刻要机智勇敢。

【课堂小结】国家安全是国家利益的根本保障，关系人民幸福、社会发展和中华民族伟大复兴。人民一切美好愿望的实现，都是基于国家和平与安全这一前提。从本质上说，国家利益就是我们每个人的利益！我们要认清国际环境的复杂和维护国家安全的重要。实现国家安全，人人有责，人人受益！

环节三 体验导行，负起青春责任

请你围绕“高中学生对于国家政治安全的认知与态度”主题，设计一份调查问卷，调查高中学生在维护国家政治安全方面存在的问题，并提出解决方案。

【设计意图】青年学生肩负着维护国家安全和利益的使命和责任。维护国家安全和利益，需要青年一代添砖加瓦，肩负起承前启后、继往开来的青春责任。新时代的中国青年应志存高远，坚定制度自信、道路自信、理论自信、文化自信，树立远大理想，与时代同行。

【议学提示】教师可引导学生从以下几个方面展开问卷设计：（1）对国家

安全的总体认知情况；（2）对政治安全的认知情况；（3）对维护国家政治安全的态度；（4）维护国家政治安全的意识和能力；（5）学校关于国家政治安全教育的状况。在设计、发放、回收问卷的基础上，教师指导学生对问卷进行科学分析与归纳，引导高中学生形成对国家政治安全意识和态度的科学认识。

八、课外活动

以小组为单位，前往各级人大、政府、政协等部门，调查我国发展社会主义民主政治、积极稳妥推进政治体制改革的具体措施，并写出调研报告。

九、教学反思

本节课的许多问题理论性较强，学生在理解上有一定的困难。为了让学生对树立总体国家安全观有一个清楚的认识，在教学过程中设计了一些社会实践活动，让学生在实践中掌握和理解相关内容。另外，在选取直观材料讲解国家安全观方面，准备得还不够充分。

第四部分 大学“习近平新时代中国特色社会主义思想概论”

第十三讲《全面贯彻落实总体国家安全观》

□山东师范大学马克思主义学院 冯芸

一、教材分析

本节共分三部分：第一部分“为什么说保证国家安全是头等大事”，通过介绍国家安全是安邦定国的重要基石，阐明提出总体国家安全观的必要性和紧迫性；第二部分“什么是总体国家安全观”，通过深刻阐释总体国家安全观的内涵，阐明走中国特色国家安全道路的原则要求和根本方法；第三部分“怎样推进国家安全体系和能力现代化”，通过对贯彻落实总体国家安全观具体举措的介绍，阐明新时代维护国家安全的实践要求。

二、学情分析

1. 从认知结构来看，学生对国家安全、总体国家安全观等概念有初步的认识，但对其所蕴含的丰富内涵理解得并不深入、透彻。

2. 从思维特点来看，学生大多只是从一般性的国家政策层面来理解总体国家安全观，没有充分认识到党的十九大将坚持总体国家安全观纳入新时代坚持和发展中国特色社会主义的基本方略，把党对国家安全的认识提升到了新的高度和境界。

3. 从情感特点来看，学生有明确维护国家安全的愿望和意识，但对如何提升自身能力以维护国家安全还缺乏充分的认识。

三、教学目标

1. 知识目标：让学生系统、准确地把握总体国家安全观的科学内涵。

2. 能力目标：培养学生分析、研判、应对我国面临的复杂多变的安全和发展环境的能力，引导他们自觉提升维护国家安全的意识和能力。

3. 情感、态度、价值观目标：使学生充分认识到国家安全是国家生存发展的基本前提，维护国家安全是全国各族人民的根本利益所在，更是作为新时代大学生的使命与担当。

四、教学重点难点

1. 教学重点：让学生深入理解总体国家安全观的丰富内涵。

2. 教学难点：提升学生维护国家安全的意识和能力。

五、教学方法

综合运用讲授、案例分析、协作探究等教学方法，采取以 PPT 演示为主、短视频播放为辅的教学形式。

六、教学过程

【导入】2019 年 1 月，习近平在省部级主要领导干部坚持底线思维着力防范化解重大风险专题研讨班开班式上发表重要讲话，强调：“既要高度警惕‘黑天鹅’事件，也要防范‘灰犀牛’事件。”

【问题设计】何为“黑天鹅”事件？何为“灰犀牛”事件？习近平总书记为什么要强调“既要高度警惕‘黑天鹅’事件，也要防范‘灰犀牛’事件”？

【设计意图】介绍“黑天鹅”和“灰犀牛”事件的含义，使学生认识到习近平总书记强调“黑天鹅”事件和“灰犀牛”事件旨在提醒全党全国人民面对云谲波诡的国际形势、复杂敏感的周边环境、艰巨繁重的改革发展稳定任务，必须对国家安全面临的各种可预见和难以预见的风险保持高度警惕。

1. 为什么说保证国家安全是头等大事

党的二十大报告中再次明确指出：“国家安全是民族复兴的根基，社会稳定是国家强盛的前提。”

【协作探究】引导学生分小组从历史与现实、理论与实践等维度讨论国家安全的重要性。

【教师引导总结】首先，从延续人类社会维护国家安全的传统来看，人类社会有了国家，同时有了国家安全问题。人类文明发展到今天，不管是国家的内部结构与运行方式，还是国家的外部关系与发展环境，都发生了极为深刻的变化，国家安全面临许多前所未有的问题与挑战、困难与风险。

其次，从我国目前面临的国家安全形势来看，我国是世界上人口最多、发展最快的发展中国家，国家的快速发展与进步，在全面增强国家实力与发展能力、全面提高人民生活质量与水平的同时，也深刻改变了国内的生产方式、生活方式、社会结构、行为观念，深刻改变了中国与国际社会的关系。在世界多极化、经济全球化、社会信息化、文化多样化深入发展的今天，这些发展变化在带给我们新资源、新机遇、新空间的同时，也给我们带来了新压力、新挑战、新风险。综合分析国际国内形势发现，当前我国面临的安全和发展环境复杂多变，各种可以预见和难以预见的风险因素明显增多。

因此，习近平总书记强调指出：“我们党要巩固执政地位，要团结带领人民坚持和发展中国特色社会主义，保证国家安全是头等大事。”

2. 什么是总体国家安全观

【设计情境】播放视频《真相时刻——国家安全委员会与总体国家安全观》。

2014 年 4 月 15 日上午，习近平同志在主持召开中央国家安全委员会第一次会议时提出，要坚持总体国家安全观，走出一条中国特色国家安全道路，这是总体国家安全观的首次提出。总体国家安全观是我国在新形势下提出的维护国家安全的行动纲领和科学指南。

【提出问题】坚持走中国特色国家安全道路必须坚决贯彻落实总体国家安全观。与传统国家安全观念相比，总体国家安全观有许多“新”特点，它

“新”在何处？

【教师引导总结】（1）与传统安全观相比，总体国家安全观提出的机构不同，它是在我国新的国家安全体制下提出的。

新中国成立后，我国逐渐形成了以中国共产党中央委员会（特别是政治局）和中国共产党中央军事委员会为主体的国家安全领导体制，但这种具有明显传统特色的国家安全体制已不适应当前非传统安全问题日益突出、传统安全问题与非传统安全问题相互交织的国家安全新形势。同时，很多国家相继设立了本国的国家安全委员会，其在国家事务中发挥着日益重要的作用。比如，美国早在 1947 年就设立了国家安全委员会，是世界上第一个设立这一机构的国家。总统为国家安全委员会主席，定期参加会议者包括副总统、国务卿、国防部长、财政部长和国家安全事务顾问。艾森豪威尔时期，设立了一个总统特别助理来处理国家安全事务，叫总统国家安全事务助理。目前，除美国、俄罗斯、日本外，还有很多国家设立了国家安全委员会。比如 2008 年 10 月 29 日，法国政府宣布成立国防与国家安全委员会；2010 年 5 月 13 日，英国宣布成立国家安全委员会。可以说，从全球范围来看，设立国家安全委员会，几乎成了各个大国的“标配”。

为此，党中央从 2004 年开始，就一直在探索健全完善国家安全工作机制和国家安全体制。到 2013 年 11 月党的十八届三中全会时，这种探索终于有了一个具体的设想，就是决定设立中央国家安全委员会。2014 年 1 月 24 日，中央国家安全委员会正式成立，习近平任主席。2014 年 4 月 15 日，习近平主持召开了中央国家安全委员会第一次会议。会上习近平首次提出了“总体国家安全观”。

（2）总体国家安全观与传统安全观相比，有着更加丰富的内涵。

【提出问题】国家安全包括哪些内容？主权安全、领土安全，这些当然都属于国家安全，但 2020 年我们国家在党中央的领导下抗击新冠肺炎疫情属不属于维护国家安全？维护的是哪个方面的国家安全呢？

【教师总结】习近平在中央国家安全委员会第一次全体会议上首次正式提出“总体国家安全观”时就深刻地总括了总体国家安全观的科学含义：“以人

民安全为宗旨，以政治安全为根本，以经济安全为基础，以军事、文化、社会安全为保障，以促进国际安全为依托，走出一条中国特色国家安全道路”。因此，抗击疫情也是对国家安全的维护，特别是对人民生命健康安全的维护。

（3）总体国家安全观与传统安全观相比，在加强国家安全能力和国家安全教育方面提出了更高的要求。

【提出问题】“国家兴亡，匹夫有责”的出处。

【教师引导总结】强化公民的国家安全意识和责任，是国家安全的固本之策和长久之计。总体国家安全观明确指出，新形势下，必须牢牢把握时代特色和世情国情，深入开展国家安全宣传教育，不断提升公民国家安全意识，夯实国家安全的社会基础。“国家兴亡，匹夫有责”，这不是一句空话、大话，每个人都应该从居安思危、居危思危的视角，上好国家安全这堂大课。每年4月15日为全民国家安全教育日，这是我国在国家安全教育上采取的重要举措。当然，国家安全教育不能只局限于这一天，也不能只在有关职能部门开展，应当动员全社会的力量参与进来。国家安全应当年年讲、月月讲、天天讲。

坚持总体国家安全观，要落实到国家安全能力建设上。国家安全能力是一种系统能力，是以总体国家安全观为指导、以国家安全制度体系为基础的总体安全能力，要体现在维护国家安全的实践中，落实到防范化解重大风险的效果中。

3. 怎样推进国家安全体系和能力现代化

【情景再现】播放武汉人民积极抗击新冠疫情的宣传短片。

【协作探究】请同学们分组讨论，武汉保卫战、湖北保卫战中有哪些全面贯彻落实总体国家安全观的生动实践?

【教师引导总结】突如其来的新冠肺炎疫情是一次重大危机，也是一次严峻考验。在习近平总书记的亲自指挥、亲自部署下，武汉保卫战、湖北保卫战取得决定性成果，充分彰显了党的领导和中国特色社会主义制度优势，彰显了总体国家安全观巨大的理论力量和鲜明的实践品格。

（1）坚持人民至上，坚决维护人民生命安全。人民安全是国家安全的基石，人民安全高于一切。我们坚决贯彻习近平总书记“保护人民生命安全和身体健康可以不惜一切代价”的重要指示精神，坚持把人民群众生命安全和身体健康放在第一位。党中央调集最优秀的医生、最先进的设备、最急需的资源，实施规模空前的生命大救援。

（2）统筹发展和安全，努力实现高质量发展和高水平安全的良性互动。坚决打赢疫情防控的人民战争、总体战、阻击战，推动防控和救治两个战场协同作战，统筹推进疫情防控和经济社会发展，推动疫后重振和高质量发展。2020 年，湖北全省地区生产总值恢复到 2019 年的 95. 6%。全省规上工业增加值同比增长 99. 2%，比 2019 年同期增长 7. 2%；进出口总额同比增长 82. 5%，比 2019 年同期增长 51. 7%。

（3）积极化解“疫后综合征”，坚决维护社会安全稳定。关心关爱困难人员、困难群体、困难企业，妥善解决因疫受损群众的实际困难，保障困难群众和特殊群体基本生活，合理解决涉疫受损企业租金减免、劳资纠纷等问题。做好宣传教育和舆论引导工作，更好地强信心、暖人心、聚民心。落实安全生产责任，提高应急管理、抢险救援和防灾减灾能力，统筹应对新中国成立以来历史同期最大降雨量产生的汛情灾情。大疫大灾之年，湖北没有发生企业规模性倒闭、职工规模性失业、涉疫涉灾群体规模性上访，稳住了经济基本盘，兜住了民生底线，守牢了社会稳定底线。

坚持和贯彻总体国家安全观，是新时代坚持和发展中国特色社会主义基本方略的一项重要内容。全面贯彻落实总体国家安全观，既要重视外部安全，又要重视内部安全，对内求发展、求变革、求稳定、建设平安中国，对外求和平、求合作、求共赢、建设和谐世界；既要重视国土安全，又要重视国民安全，坚持以民为本、以人为本，坚持国家安全一切为了人民、一切依靠人民，真正夯实国家安全的群众基础；既要重视传统安全，又要重视非传统安全，构建集政治安全、国土安全、军事安全、经济安全、文化安全、社会安全、科技安全、信息安全、生态安全、资源安全、核安全于一体的国家安全体系；既要重视发展问题，又要重视安全问题，发展是安全的基础，安全是发展的条件，富国才能强兵，强兵才能卫国；既要重视自身安全，又要重视共同安全，打造命运共同体，推动各方朝着互利互惠、共同安全的目标相向而行。

【结语】“山积而高，泽积而长。”与传统安全观相比，总体国家安全观的践行更加荆棘载途，但立于内外实际，并非遥不可及。我们既要有“乱云飞渡仍从容”的战略定力，又有“不到长城非好汉”的进取精神，只要坚定信念，协同一致，保持耐心、恒心和定力，就一定能够实现国家总体安全，实现中华民族和平崛起，为人类文明发展作出新的贡献。

七、课外活动

组织学生分组开展“我身边的国家安全”实践调研活动，要求每组形成实践调查报告，并在课堂上开展“新时代的大学生能为维护国家安全贡献什么样的力量”的讨论活动。

八、教学反思

本讲课程在讲授中综合运用了创设情境、问题引导、理论提升等方式进行教学设计，在授课过程中注重引导学生思考、参与讨论、实现师生互动，特别注重增强新时代大学生维护国家安全的意识和维护国家安全的能力。总体国家安全观内容十分丰富，由于课时有限，很多问题的阐释还不够深入。